Ich danke Herrn Jörg Gensicke und Frau Eilicke Vemmer, Herrn Peter Ludy,
Herrn Professor Wabener, den drei Rosenschulen Schultheis, Ruf und Jensen, und drei
Herren namens Christian: Christian Schultheis, Christian Altrichter
und *ganz* besonders Herrn Christian Wädow.

Gesunde Duftrosen
Cora Friedrichs

Pflege, Pflanzung und Planungsideen
Rosenporträts: Robuste Sorten
Rosenspeisen: Einfache Rezepte für Anspruchsvolle

Impressum:

© 2006 Cora Friedrichs

Bibliographische Information der Deutschen Bibliothek: Die Deutsche Bibliothek verzeichnet diese Publikation in der Deutschen Nationalbibliographie; detaillierte bibliographische Daten sind im Internet über http://dnb.ddb.de abrufbar.

Herstellung und Verlag: Books on Demand GmbH, Norderstedt
Satz und Layout: Cora Friedrichs
Umschlaggestaltung und Fotodigitalisierung: **Ilja Ritter**

- 3 Fotos der Rosen von Michel Adam auf Seite 67: **Christian Schultheis**
- Foto Seite 99: **Janka Worch**
- Alle übrigen Fotos: **Cora Friedrichs**

ISBN - 10: 3 - 8334 - 6512 - 3
ISBN - 13: 978 - 3 - 8334 - 6512 - 3

Die Ratschläge in diesem Buch / auf dieser CD sind von der Autorin sorgfältig erwogen, Garantien können aber nicht übernommen werden. Eine Haftung der Autorin für Personen-, Sach- und Vermögensschäden ist ausgeschlossen. Die Aufzählungen der von Privatpersonen (einschließlich der Autorin), Züchtern und Händlern als relativ gesund beschriebenen Sorten erheben keinen Anspruch auf Vollständigkeit. Für etwaige fehlerhafte Angaben oder Auslassungen können die Autorin, der Verlag und die Verlagsmitarbeiter nicht haftbar gemacht werden.

Inhalt:

Kaum ein schöner Blumenduft spricht uns so sehr an wie das Aroma der Rose.

Erinnerungen an vergangene Sommer werden wach, der Eindruck des Gegenwärtigen wird vertieft - Sehnsucht kommt auf, und wird zugleich gestillt. Rosenduft macht merkwürdig glücklich ...

Man könnte prosaisch darauf hinweisen, dass das an den leicht stimmungsaufhellenden, ja sogar berauschenden Inhaltsstoffen der Rosenalkohole liegt. - Unser Gemüt ist jedoch komplizierter, als die Wissenschaft erklärt. Immerhin kann man sagen, dass Düfte tiefer in unser Erinnerungszentrum eindringen als andere äußerliche Reize. Und was könnte eindrucksvoller sein als das Aroma einer frisch aufgeblühten Duftrose an einem warmen Junimorgen?

Im Blumengeschäft sind Duftrosen leider selten. Gerade Alte Rosen sucht man dort vergebens. Aber seien Sie unbesorgt, sie sind noch da: Historische Sorten[1] sind wieder sehr beliebt, und leicht zu beziehen. Viele Garten- und sogar Baumärkte bieten Duftrosen an, die schon seit Jahrhunderten (!) die Gärten bereichern, und bei den Rosenschulen können Sie echte Raritäten bestellen.

Aber nicht nur die „Alten" duften - entgegen landläufiger Vorstellungen lassen sich auch unter den Modernen die verschiedensten Nuancen erschnüffeln.

Leider gibt es bei aller Freude am Duft das Gerücht, gerade die edlen, hochgezüchteten *Duft*rosen seien anfällig und pflegebedürftig. Nur wenige Hobbygärtner wissen, dass es viele widerstandsfähige, unempfindliche Rosen gibt, bei denen wir auf starken Duft eben *nicht* verzichten müssen.

Eines muss jedoch klar sein: Auch „gesunde" Gartenrosen sind keine Plastikblumen. Bei schlechter Standortwahl oder in ganz schlechten Jahren leiden auch die meisten robusten.

Letzteres ist jedoch kein Grund zur Verzweiflung; eine widerstandsfähige Rose werden Sie bestimmt nicht durch einen Sternrußtau- oder Rosenrostanfall verlieren, und einige Duftrosensorten bleiben tatsächlich krankheitsfrei.

---

[1] Eigentlich sind *alle* Rosen aus Klassen, die es vor dem Entstehen der ersten Teehybride („La France", 1867) schon gab, „Alte" Rosen, z.B. Damaszener und Gallicas. Strenggenommen sind es allerdings nur jene Sorten, die vor diesem wichtigen Datum entstanden sind, z.B. die Gallicarose „Gloire de Jardins"...

Die erste Ernte im Jahr! Der besonders feine Frühlingsrosengelee aus „Rose de Resht", „Gloire de Jardins" und „Maigold" wird zart rosa.

Links: „Augusta Louise", eine Deutsche Nostalgierose; rechts: „Paul Bocuse"

Eine gute Dekorationsidee für Blüten mit kurzem Stiel
(„Gloire de Jardins" und „Rose de Resht")

Rosige Ansprüche

Die Natur der Rose

Glücklicherweise sind die Bedürfnisse unserer Garten - Diva keine Geheimnisse. Wenn Sie die Natur der Rose verstehen, wird es Ihnen bald leicht fallen, ihre Ansprüche zu erfüllen.

Der Boden:

Bei der Auswahl der Bühne ist die Rose sogar *etwas* weniger wählerisch als manch anderer Garten - Akteur.

- **Schwerer Boden**

Lehmige Erde sagt Rosen eigentlich zu; ganz *schwerer Ton - Lehm - Boden* hingegen birgt Probleme. Sie erkennen ihn daran, dass man besonders haltbare Würstchen und Kugeln daraus formen kann. Meistens wachsen auf solchen Böden Kriechender Hahnenfuß („Butterblume") und Ackerschachtelhalm (Equisetum).

Diese Pflanzen können sogar ein Zeichen dafür sein, dass ein Staunässeproblem vorliegt.

Oft hilft es schon, diese Bodenverdichtungen selber aufzugraben, damit das Wasser versickert und die Rosenwurzeln tief in die Erde gereckt werden können.

Bei der Pflanzung auf schweren Böden ist es für die Rosen wichtig, das lockere Pflanzsubstrat mit dem lehmigen Aushub zu mischen: Wenn die Grube *nur* mit lockerer Rosen- oder Pflanzerde gefüllt wird, ist es für die stacheligen Neulinge schwer, Faserwurzeln in die härteren Bodenschichten hinaus- und hinunter wachsen zu lassen. Außerdem könnte das Wasser nur schlecht aus den mit lockerer Erde gefüllten Pflanzlöchern abfließen, und die Rosen stünden in sumpfigen Gruben. Das brächte sie mit ziemlicher Sicherheit um - wie die meisten anderen Gartenpflanzen auch.

Also: Auf sehr schwerem Boden sollten Sie die ganze Pflanzstelle - nicht nur das eigentliche Pflanz*loch* - mit grobem Sand, Rindenhumus (nicht Rinden*MULCH!*) und anderen lockernden Substanzen verbessern.

- **Saurer Boden**

Ein weiteres Bodenproblem für Rosen kann ein zu *saurer Boden* sein. In Gartenbereichen, wo Azaleen, Heidelbeeren und Erika ohne spezielle Moorbeeterde gut gedeihen (z.B. dort, wo lange Zeit Nadelbäume gestanden haben), fühlen sich Rosen nicht wohl. Erkundigen Sie sich im Gartenmarkt nach Möglichkeiten, die Art und die Bestandteile ihres Bodens zu untersuchen. Im Handel sind vielerlei Boden - Tester, mit denen man den „PH - Wert" bestimmen kann.

Rosen fühlen sich in einem PH - Bereich zwischen 6 und 7 wohl. Bodenaustausch und Gaben von Algen- oder Dolomitkalk helfen.

Vor dem Aufkalken muss unbedingt ein Bodentest durchgeführt werden! Zuviel Kalk hindert jede (!) Pflanze daran, andere wichtige Nährstoffe aufnehmen zu können.

Eine Ausnahme: „Kartoffel-" bzw. Rugosarosen (Rosa rugosa) kommen mit *leicht* sauren Böden zurecht; Kalk schadet ihnen.

Sie neigen zu ***Chlorose*** - diese entsteht, wenn die Fähigkeit der Pflanze, Eisen aufzunehmen, durch zuviel Kalk behindert wird. Das Laub wird in einem solchen Fall vorzeitig gelb bzw. hellgrün, die Blattadern bleiben etwas dunkler. (Bitte nicht mit der üblichen, dekorativen Herbstfärbung der Rugosas verwechseln!) Flüssiger Eisendünger hilft schnell; langfristig muss der PH - Wert des Bodens mit **Nadelkompost**[2] oder ähnlichem etwas gesenkt werden.

- **Sandiger Boden**

Sandiger Boden sollte mit viel reifem Kompost und feinkrümeliger Lehmerde verbessert werden, z.B. mit Maulwurfshaufenerde, die man einfach im Rucksack vom Spaziergang mitbringt. **Bibernellrosen** (Rosa pimpinellifolia) wie **William III** oder **Red Nelly** kommen gut mit eher sandigen Böden zurecht.

- **Allgemeine Bodenpflege**

Jeder Boden muß gepflegt werden. Vor allem sollte er „locker bleiben": Alle paar Jahre wird der Boden um jede Rose herum sehr

---

2 *Nadelkompost* entsteht aus Holzhäcksel, Nadelbaumschnitt, Fichtennadeln, Sägespänen, kalkfreien Küchen- und Grünabfällen sowie Laub. Auch Beerensträuchern bekommt er sehr gut, und bei Azaleen, Rhododendren, Heidelbeeren und Heidekraut sollte man ihn als kostenlosen Dünger einsetzen.

vorsichtig mit der Rosengabel bearbeitet, am besten im April. Auch eine Grabegabel (z.B. ein invalides Exemplar, dem die äußeren Zacken fehlen) eignet sich: Das Werkzeug wird ein paar Mal in den Boden gestochen und sachte hin und her bewegt, *ohne* die Rose anzuheben oder gar loszureißen.

Nicht nur das Lockerbleiben ist wichtig, auch die Fruchtbarkeit des Bodens entscheidet über Gedeihen und Nichtgedeihen der Rosen. Sparen Sie nicht mit Urgesteinsmehl!

Und: Erde, Dünger und Grünabfälle werden nicht von allein zu Humus - der **Regenwurm** macht´s! Das Wohlergehen der Würmchen ist ein wichtiges Argument dafür, auch zugunsten der Rosen auf „harte" Pflanzenschutzmittel, Unkrautvernichter und Mineraldünger zu verzichten.

Ferner sollte der Boden nach Möglichkeit immer bedeckt sein. Dünne Lagen aus Rasenschnitt, abgelagerter, geschredderter Borke oder Laub halten die Erde feucht, und stillen zugleich den Würmerhunger - mehr dazu beim Thema „Mulch".

Eine gute Idee sind auch „Gründüngungspflanzen". Besonders gut eignen sich **Gelbsenf**, **Phazelia** oder **Süßlupinen**, die alle drei nicht mit der Rose verwandt sind. Es gibt auch spezielle Mischungen, zum Beispiel „**Gartendoktor**", mit Tagetes und einjährigem Klee. - Gründünger hält auch die Stellung, bevor die Rosen zum Einsatz kommen: Seine Wurzeln lockern den Boden und schützen ihn vor Erosion und Unkrautsamen. Die einjährigen Sorten sterben im Winter ab; dadurch werden sie wiederum zu Regenwurmfutter. Unter der Schicht abgestorbener Grünmasse finden die wurmigen Gartengehilfen eine warme Deckung.

So bleiben sie über Winter da, wo wir sie haben wollen - an zukünftigen Rosenpflanzstellen. - Achten Sie nur darauf, ob übrig gebliebene Wurzelunkräuter zwischen den grünen „Platzhaltern" neu austreiben. Bei stark verunkrauteten Flächen lässt man den künftigen Pflanzplatz zwei bis drei Wochen lang offen, um übersehene Unkräuter doch noch zu ertappen.

Der Standort

Wenn Rosen gezielt eingesetzt werden, zeigen sie sich äußerst wandelbar; für nahezu jede Gartensituation ist eines der schönen Gehölze geeignet. - Gehen Sie in Ruhe durch Ihren Garten, und schauen Sie, welche Rose wo am besten aufgehoben wäre. Denken

Sie aber auch an Ihre eigenen Bedürfnisse - achten Sie darauf, wo der Rosenduft am besten zur Geltung kommt!

Wenn eine Duftrose ausgerechnet im Rabattenhintergrund stehen muss, sollten wenigstens einige Trittsteine zu ihr hinführen; ein einfacher Trick, der leider oft vergessen wird.

Im Allgemeinen ist es immer besser, die richtige Rose für einen bestimmten Standort auszusuchen, als irgendeinen Platz für eine spontan gekaufte Rose zu wählen.

- **1. Licht und Hitze**

Rosen mögen im Allgemeinen *viel Licht*. Für extrem sonnen-verwöhnte Plätze gibt es moderne Sorten, die speziell hierfür gezüchtet wurden. Andere würden dort zu schnell abblühen, und außerdem stark verblassen. - Vorsicht bei Kletterrosen: Für Südwände eignet sich (bisher) nur die dunkelrosa „**Morning Jewel**". - Rosen, deren Blüten zuviel pralle Sonne schlecht vertragen, pflanzt man in den *lichten, luftigen Halbschatten*. Viele Alte Rosen stehen dort am Besten - bei allzu wenig Licht wird allerdings *jede* Rose zum faulen Gelegenheitsblüher. - Rosen für den lichten Halbschatten (siehe auch Seite 57/58, 60/61, 73, 80/81): **Albarosen**, viele **Gallicarosen**, „**Quatre Saisons**" (Damaszenerrose, rosa), „**Rosa californica plena**" (frühe Blüte, rosa), "**The Generous Gardener**" und „**Graham Thomas**" (Englische Rosen, rosa und gelb; sorgfältiger Aprilschnitt verhindert bei Graham Thomas, dass die Pflanze immer sparriger wird).

- **2. Nässe**

Auch für Rosen, die Halbschatten ertragen (oder brauchen), sind Plätze unter Baumkronen und großen, überhängenden Sträuchern völlig ungeeignet. Das aus Bäumen tropfende Wasser vertragen höchstens die Rugosas. Noch einmal: Rosenlaub sollte immer schnell abtrocknen können, denn Nässe schadet ihm. Aus dem gleichen Grund werden Rosen auch *immer nur von unten* gegossen.

Bodenfeuchte Stellen sollten Sumpfpflanzen vorbehalten bleiben; wie die meisten Gartengehölze verabscheuen Rosen Staunässe.

- **3. Wind**

Wenn keine Lüftchen um Sträucher und Rosenstöcke weht, werden auch die Robusten krank - außer vielleicht Rosa rugosa. Windstille Südwände etwa sind nichts für (die meisten) Kletterrosen.

Denken Sie hier lieber an ein Obstspalier, z.B. Birnen!

Ständige, austrocknende Winde können Rosen jedoch ebenfalls anfällig machen.

Im „Durchzugsgarten" auf einer windgepeitschten Anhöhe droht nicht nur die Austrocknung, auch der Duft verfliegt schnell; eine Hecke oder ein berankter Zaun könnten hier die Lösung sein.

Der verhaltene Duft von „Graham Thomas" kann sich hier gut entfalten.

Ein Grund zum Anhalten und Fotografieren

- **4. Kälte**

Wenn Sie an die Pflanzung sehr kältescheuer Vertreter denken, meiden Sie Gartenbereiche, wo im Winter Schnee oder Rauhreif besonders lange liegen bleiben(Vorbeobachtungen!). Ausgesprochen frostempfindliche Rosen sollten zudem nicht an Plätze gepflanzt werden, die stark von der ersten Morgensonne beschienen werden. Rosen für *sehr* kalte Lagen: Viele **Rugosas**, aber auch „**Celeste**", „**Maxima**", „**Königin von Dänemark**" und andere (Seite 57/58).

Die Pflanzung

...einer Rose sollte sorgfältig geplant und durchgeführt werden, denn das Stachelgehölz wird sehr alt. - Dass am Ende doch alles schief zu gehen scheint, ist völlig normal: Ihre begeisterten Helfer haben, wenn es soweit ist, dringende Termine, und ein plötzlicher Regenguss verwandelt Ihre vorbereiteten Pflanzlöcher in lauter kleine Teiche. Bei mir selbst erwies sich das Bestellen von Rosen stets als schöne Garantie dafür, nicht auf einen ordentlichen Herbst- oder Frühjahrsschnupfen verzichten zu müssen (der jedes Mal gleichzeitig mit den Pflanzen eintraf). Nun Ja - Rosen sind nicht aus Glas. Versuchen Sie einfach, das Folgende *so gut es geht* zu beachten...

Ob groß oder klein, Rosen sind Tiefwurzler. Stehen sie erst einmal im Garten, ist das von Vorteil: Nur im ersten Standjahr muß bei Trockenheit gegossen werden. Später erreichen die Rosen auch dann noch feuchte Bereiche, wenn flach wurzelnde Gartenpflanzen schon künstliche Bewässerung brauchen, und benötigen nur bei Dürre und sehr starker Sommerhitze entsprechende Wassergaben. - Bei der Pflanzung erfordert diese nützliche Eigenschaft einige Sorgfalt: *50 cm Pflanzlochtiefe* ist das Minimum.

Die Sohle der Grube muß mit der *Grabegabel* zusätzlich gelockert werden. Auch der Umfang der Grube sollte großzügig bemessen sein (mindestens 40 cm).

Pflanzvorbereitung: Bei „**wurzelnackten**" Rosen, die Sie am besten im Herbst, aber auch im (Vor-) Frühling pflanzen können, ist das Pflanzen etwas schwierig. Sie sind jedoch preisgünstiger als „Container - Rosen" im Topf - und außerdem hat man das Erlebnis, aus einem kahlen Strunk eine wunderschöne Zierpflanze entstehen zu sehen. - Die Pflanzgrube wird besonders früh vorbereitet: Vermischen Sie etwas spezielle Rosen- oder Pflanzerde mit dem

Aushub, etwas Urgesteinsmehl (Gartencenter), und mit einer (!) Handvoll Hornspäne als Langzeitstickstoffdünger. Bei Rosen, die überwiegend mit Kompost gedüngt werden, *könnten* sonst Stickstoffmangelerscheinungen auftreten. (Ein Zuviel an Stickstoff ist jedoch ebenfalls schädlich! Hornspäne werden von den Bodenlebewesen immerhin recht langsam aufgeschlossen.) - Das entstandene lockere Substrat wartet abgedeckt neben der Grube (oder besser in der Laube oder Garage, falls Fröste drohen!), bis der Pflanztag gekommen ist.

Pflanzvorgang in fünf Schritten:

WÄSSERN Stecken Sie die gerade gekaufte (bzw. aus dem Versandpaket ausgepackte), wurzelnackte Rose ganz ins Wasser - ungefähr einen Tag lang.

SCHNITT Die Triebe der wurzelnackten Rose erhalten nun einen Pflanzschnitt. Bei der Herbstpflanzung werden sie nur *sehr* geringfügig, bei der Frühjahrspflanzung stark zurückgeschnitten.

Die Wurzeln werden ebenfalls *etwas* beschnitten. Umso kräftiger werden sie neu austreiben, und der Rose sogleich Halt geben.

Wenn Sie mehrere wurzelnackte Rosen auf einmal pflanzen, *müssen* die nackten Wurzeln jeder Rose bedeckt werden (bzw. so lange im Wasserbottich bleiben), bis das Exemplar an der Reihe ist; Wind und Trockenheit werden Rosenwurzeln schnell gefährlich.

AUFFÜLLEN Wenn sich die Rose genau so tief in der Grube befindet, dass die „knubbelige" Veredelungsstelle 5 cm tief unter dem oberen Grubenrand ist, sollten die Wurzeln immer noch *frei nach unten hängen*. Bitte nicht biegen, stecken, klemmen oder zu sehr stutzen - im Zweifelsfall ist es besser, die Grube zu vertiefen. Erst dann wird mit Substrat aufgefüllt.

EINSCHLÄMMEN Bitte beim Auffüllen etwas an der Pflanze rütteln - es dürfen keine „Luftlöcher" zwischen den Wurzeln verbleiben. Nicht nur die etwas gewichtigeren Herrschaften mit den großen Füßen sollten auf das anschließende Festreten verzichten; es genügt, die Rose etwas anzudrücken, und mit viel Wasser „einzuschlämmen". Man erreicht dadurch einen festen Bodenschluß.

ANHÄUFELN Nach dem „Einschlämmen" wird die frisch gepflanzte Rose 20cm hoch mit lockerer Erde bedeckt, sprich „angehäufelt" - *auch* bei der Frühjahrspflanzung, denn Anhäufeln ist nicht nur Kälte-, sondern auch Windschutz!

Unkrautfreie Maulwurfshaufenerde eignet sich zum Anhäufeln besonders gut. Bitte keinen Torf oder Rindenmulch benutzen.

Bei der Frühjahrspflanzung kann das Erdhäufchen nach einem Monat vorsichtig entfernt werden. Die im Herbst gepflanzte Rose wird erst im April abgehäufelt, zur Zeit der Forsythienblüte.

Sonderfall „Container - Rose": Die teuren *Container - Rosen,* die in Töpfen angeboten werden, sind leicht zu pflanzen. Lösen Sie den Topf vorsichtig und stellen Sie die Rose ein paar Stunden lang ins Wasser. Auch bei den getopften Vertretern muss die verdickte „Veredelungsstelle" 5 cm tief im Boden verborgen sein. Im Pflanzcontainer stehen die Rosen oft höher!

Sonderfall Climber oder Rambler: Bei der Pflanzung einer Rambler- oder Kletterrose[3] wird die Pflanze nicht senkrecht, sondern zur Kletterhilfe hin *geneigt* in den Boden gesetzt.

Übrigens: Sollten die bestellten Rosenstöcke tatsächlich ausgerechnet dann kommen, wenn grippale Infekte oder starke Fröste eine sofortige Pflanzung unmöglich machen, „schlägt" man sie „ein": Man gräbt eine provisorische Grube, legt die Rosen hinein und bedeckt sie sofort zur Gänze mit lockerer Erde - bis bessere Zeiten kommen. Ein abgeernteter Grabelandbereich bietet sich dafür an … Sie sehen, es ist wirklich besser, den Aushub der vorbereiteten Pflanzgruben in der Garage oder Laube zu lagern, und nicht als evtl. durchgefrorenen Hügel im Freien.

---

[3] *„Rambler":* Rosen mit langen, weichen Trieben, die man in Bäume, an Pergolen, Hauswänden und an großen Rankgerüsten wachsen lässt. („to ramble" heißt „wandern", „sich herumtreiben"…) - Der Begriff *„Kletterrose"* täuscht: Sie klettert nicht von allein, sie benötigt Kletterhilfen, an denen sie befestigt werden muß.

„Veilchenblau" an meinem Rosenbogen

„Mitsouko" lässt sich von Rutenhirse (Panicum virgatum) umspielen.

Alte Rosen sind originelle Ziersträucher mit sehr viel Charisma. Häufig zeigen sie ein würdiges Blauviolett, das sich gut mit Gelb, Weiß, klarem Orange, blaustichigem Rosa und natürlich mit Blau kombinieren lässt.

Rosenpflege

Wenn die robuste Rose sorgfältig gepflanzt wurde und am geeigneten Standort steht, hält sich der Pflegeaufwand später in Grenzen.

Düngung und Mulch:

Am besten wäre es, den Boden vor der ersten Düngung zu testen.

So wissen Sie von Anfang an über den eigenen Grund Bescheid, und können das Ausbringen von teurem, überflüssigem Dünger vermeiden. Zu viele oder die falschen Nährstoffe können den Pflanzen im schlimmsten Fall sogar schaden.

Ein *Boden - Test* ist weder teuer noch kompliziert; erkundigen Sie sich im *Gartencenter*. Sie haben genug Zeit dazu: Im ersten Standjahr wird ohnehin auf die Düngung und auf das Ausbringen von Kompost verzichtet, denn die Rose soll „auf Nahrungssuche" kräftige Wurzeln bilden. Ab dem zweiten Standjahr wird im März - falls nötig - gedüngt. Es empfiehlt sich ein spezieller Rosendünger. Er sollte organisch sein; die Benutzung von Mineraldünger würde langfristig zu einem Abbau des Humusgehaltes im Boden führen, und außerdem tut er der Duftintensität nicht gut.

Falls Sie eine Bodenbedeckung („Mulch") ausgebracht haben, harken Sie das Material beiseite, denn der Dünger sollte *leicht* (!) in die *obere* Bodenschicht eingearbeitet werden. Nach dem Ausbringen wird kräftig gewässert. Die Nährstoffe des organischen Düngers stehen der Rose im Idealfall genau dann zur Verfügung, wenn sie sie braucht. <u>Da sie nur langsam freigesetzt, d.h. vom Bodenleben allmählich aufgeschlossen werden, ist die Gefahr der Überdüngung viel geringer als bei Mineraldüngergaben.</u>

Alle öfter blühenden Rosen erhalten Anfang Juni eine zweite Düngergabe (kräftiges Wässern nicht vergessen!). Später im Jahr gedüngte Rosen bilden viele neue Triebe, die nicht mehr ausreifen können - sie könnten dadurch erfrieren.

Das **Mulchen** sorgt für den optimalen Erhalt einer günstigen Bodenstruktur. Dünne Lagen von angetrocknetem **Mähgut** sind gut geeignet. Sie saugen sich auch nicht mit Wasser voll, wie etwa geschredderte Borke. Im Frühling, nach dem Urlaub und beim Mähen an Wildwuchs - Stellen sollten Sie jedoch gut aufpassen: Schon ein einziger Samenstand vom Löwenzahn bzw. andere samentragenden Kräuter machen Schnitt- und Mähgut als Mulch untauglich. Gerade Löwenzahnblüten schaffen es selbst noch als abgeschnittene Knospen, sich bis zum keimfähigen Samen weiterzuentwickeln!

Bringen Sie solches Schnittgut besser unter den Obstbäumen aus. Äpfel und Kollegen freuen sich über Löwenzahnpflanzen zu ihren Füßen, die ihnen die Nährstoffe aus tiefen Bodenschichten erschließen - Rosen und Zierpflanzen nicht.

Halbreifer Kompost ist ungeeignet. Oft werden in ihm noch giftige Stoffwechselprodunkte frei, zudem kann er Unkrautsamen enthalten, und am Ende auch noch die Rosen überdüngen. Sie neigen dann zum „Vergeilen", und werden krankheitsanfällig.

Mist gehört erst einmal für etwa ein Jahr in den Komposter - auch, wenn er bereits abgelagert ist.

Unkrautvliese schützen besonders effektiv vor dem Aufkommen der meisten Unkräuter, liefern jedoch natürlich kein Regenwurmfutter. Sie werden sorgfältig mit einer dünnen Lage aus Rindenmulch oder Kies bedeckt, damit sie nicht porös werden und gut aussehen. Natürlich müssten die Rosen dann flüssig gedüngt werden.

Der richtige Dünger, Kompost, Urgesteinsmehl (!) und Mulch - all das sind gute Voraussetzungen für ein krankheitsfreies Rosenleben.

Natürlich gibt es Viruserkrankungen, gegen die überhaupt nichts mehr hilft; zum Glück sind sie selten. Sehr häufig sind dagegen Befallserscheinungen durch Pilze: Sternrußtau, Rosenrost, Falscher Mehltau …

Viele Gärtner fürchten schon ein einziges befallenes Blatt und machen aus ihrem Hobby einen ständigen Krieg gegen Rosenkrankheiten. Verderben Sie sich nicht die Freude am Gärtnern, und seien Sie ETWAS lässiger!

Eine gesunde Routine ist besser als ständige Pilzkrankheitsfurcht: Bei regelmäßigen Runden durch Ihren Garten können Sie alles Welke und Befallene absammeln (Hausmüll), sozusagen im Vorübergehen. Was Sie in diese sinnvollen Rituale mit einschließen sollten, ist natürlich vor allem die Vorbeugung.

Absolut gesund: Die meisten Rugosas (links).
Echter Mehltau (rechts oben) kann gut mit
„Niem - Präparaten" bekämpft werden.

Rechts:
Der so
genannte
„Rosenrost"

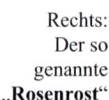

Unten: Ein durch **Sternrußtau** entlaubter Trieb. Diese häufige Rosenkrankheit
erkennt man im Anfangsstadium am dunkelbraun gesprenkelten Laub. Später werden
die Blätter gelb mit schwarzer Sprenkelung. Sehr ähnlich sieht **Falscher Mehltau** aus;
der Unterschied besteht in der Sichtbarkeit von Sporenherden auf den Blattunterseiten.

20

Vorbeugung

Zur Vorbeugung werden alle Rosen, die nicht vollständig krankheitsfrei sind (oder die Sie *nicht* als reine Speiserosen gepflanzt haben!) mit pflanzenstärkenden, giftfreien Mitteln gespritzt.

Es ist eine entspannende Tätigkeit, alle zwei Wochen mit dem leicht zu handhabenden 5 l -Druckluftsprühgerät (Baumarkt) durch den Garten zu wandern. Sehr wichtig ist auch die *Austriebsspritzung* im März. „Algan", „Bio S" und Schachtelhalmpräparate eignen sich; auch unter **www. FIBL.de** (!) finden Sie zugelassene, effiziente Mittel. Die Inhaltsstoffe kräftigen das Pflanzengewebe und beugen dadurch effektiv Pilzkrankheiten vor. - Auch dergleichen ist „nicht essbar": **Für Nahrungszwecke sollten Sie einige spezielle „Speiserosen" pflanzen, *die völlig ungespritzt bleiben.*** - Wenn Sie dabei wirklich *niemals* kranke Blättchen sehen wollen, wählen Sie hierfür die Rugosa - Sorten.

- **Schädlinge und Nützlinge**

Neben Pilzkrankheiten sind auch einige Tierchen sehr unerwünscht. **Blattläuse** werden von Rosengärtnern gefürchtet; in einem Garten, wo viele Nützlinge heimisch sind, gerät ihr Bestand jedoch kaum außer Kontrolle. Blattlausfresser können mit wenig Aufwand angelockt werden, ohne dass sich ein schöner Rosengarten in eine Ansammlung von zugewucherten Ecken verwandelt (… und somit kein „Menschenbiotop" mehr wäre). - **Ohrwürmchen** zum Beispiel sind eine nahezu unentbehrliche „Garten - Security", die man mit **umgedrehten Blumentöpfen** zum Bleiben überredet. Man hängt die Töpfchen in Bäume und Rosensträucher; mit Strohfüllung dienen sie als Schlafplätze. Mandarinennetze halten das Stroh am Platz.

Sie dürfen nicht frei hängen - Ohrwürmer sind weder Meisterspringer, noch können sie fliegen. Achten sie also darauf, dass Ästchen und Zweige den Tontopf berühren. - Wünschen Sie sich zum Geburtstag selbstgebastelte Ohrwurmschlafhäuschen von Ihren Kindern, wasserfest bemalt, passend zu Ihren Rosenblüten! - **Florfliegen, Schwebfliegen** und **Marienkäfer**, die **gemeinsam mit ihren Larven** Läuse im großen Stil vernichten, lockt man mit **Korb- und Doldenblütlern** in den Garten - z.B. mit Edeldisteln, Astern, Schafgarbe, Fenchelstauden und blühendem Dill.

Neben Nahrung brauchen auch sie Quartiere:

Eine kleine „**Wildwiese**" wird dekorativ eingefasst - möglichst mit demselben Material, das Sie auch bei Ihren Rosenbeeten und Strauchgruppen verwenden. Damit die Wildwiese genauso schön wird wie die Beete, sollte sie ebenso sorgfältig vorbereitet werden: Sogar hier ist es wichtig, alle Wurzelunkräuter zu entfernen!

Die Erde wird in diesem Falle allerdings nicht gedüngt, sondern vielmehr mit reichlich <u>Sand und evtl. Splitt</u> noch „abgemagert". Saatgutmischungen für Wildwiesen erhalten Sie im guten Gartencenter. (Wichtig: *Standortgerechte* Sortenwahl!!)

Auf den ersten Blick unschön ist vor allem der „**Totholzhaufen**". Sorgfalt beim Anlegen und ein duftendes Geißblatt (Lonicera periclemum), Wilder Wein (Parthenocissus quinquefolia), eine Wildclematis oder andere Kletterpflanzen, die sich hineinschlingen, machen hier den Unterschied zwischen einer ziemlich scheußlichen Grabbelecke und einem zierenden Gartenelement aus.

Einige solcher „Einrichtungen" verwandeln Ihren Garten in einen harmonischen Bereich, wo die Tierchen einander in Schach halten - und zwar so, dass es auffällt: Bereits nach zwei bis drei Jahren können Sie ihren blattlausgeplagten Nachbarn mitteilen, dass *Ihre* Rosen in Ruhe gelassen werden.

Ist der Blattlausbefall - gerade in der Anfangsphase - trotz allem einmal sehr stark, sammelt man (mit Handschuhen) einen Eimer voll Brennnesseln, zerkleinert diese und übergießt sie mit Wasser.

Nach etwa 8 Stunden gießt man den Sud durch ein Tuch in das Druckluftsprühgerät, und bringt es unverdünnt als Pflanzenstärkungsmittel aus. Blattunterseiten nicht vergessen!

Im Notfall helfen auch <u>Schmierseife</u> oder entsprechende biologische Mittel; solcherart behandelte Rosenblüten können jedoch für Speisezwecke nicht mehr gesammelt werden.

Neben Blattläusen gibt es noch andere Schädlinge. Eingerollte Blätter etwa sind das Werk der **Rosenblattrollwespe**; Sie können sie abpflücken und entsorgen, es macht aber nichts, wenn Sie ein paar übersehen. - Plötzlich absterbende Triebe sind eventuell vom **Rosentriebbohrer** befallen. Im Inneren dieser Triebe sind lange Gänge, in denen die unverschämte Made sitzt. Solche Triebe werden nach Möglichkeit herausgeschnitten und aus dem Garten entfernt. - Absterbende Blütenknospen weisen auf den „**Knospenstecher**" hin; welke, abgeknickte Knospen gehören also in den Hausmüll.

Falls Sie einmal den metallisch bunten **Rosenkäfer** begrüßen dürfen, freuen Sie sich über den seltenen (und fotogenen!) Gast. Der geschützte Kamerad begnügt sich mit einer schmalen Bewirtung aus Pollen und ein paar völlig unwesentlichen Blütenblatt - Häppchen.

Winterschutz

Am Wichtigsten ist es, die Veredelungsstelle - wie beschrieben - beim Pflanzen tief in den Boden bringen.

Außerdem werden alle Edel- und die meisten Beetrosen im Spätherbst 10 - 20 cm hoch mit lockerer Erde angehäufelt, und evtl. zusätzlich mit Nadelbaumzweigen abgedeckt.

Dieses Anhäufeln kennen Sie ja schon von der Pflanzung. Für kleine Rosenstöcke gibt es auch „Rosen - Manschetten", die man jedes Jahr wieder benutzen kann. Man füllt sie z.B. mit Maulwurfshaufenerde. - Passen Sie bitte nur auf, dass sich die Veredlungsstelle der Rose nach einigen Jahren des Anhäufelns nicht zu tief in der Erde befindet.

Für frostempfindliche Kletterrosen und Hochstämmchen darf keine Plastikfolie oder dergleichen verwendet werden. Besser geeignet sind Schutzvliese, Jute, Leinen oder aufgeschnittene Kartoffelsäcke, gefüllt mit Fichtenreißig, und dekorativ zugeschnürt. **Verziert mit bunten Bändern sowie Beeren- und Nadelbaumzweigen wird die geschützte Rose zum Adventsschmuck. -** Die meisten **Strauchrosen** kommen in Mitteleuropa ungeschützt durch den Winter. In Katalogen ist vermerkt, welche Rosen winterhart sind; in Baumschulen und Gärtnereien lässt es sich erfragen. Frieren doch einmal Triebe weg, werden sie beim Aprilschnitt entfernt.

Der Schnitt

... ist bei Teehybriden und Beetrosen unbedingt erforderlich.

Der Rosenstock soll buschig bleiben; einige wenige staksige Triebe, an denen in luftiger Höhe verkümmerte Knospen baumeln, verraten den Gärtner, der die Ansprüche seiner Diva nicht kennt.

Aber auch Kletter- und Schlingrosen wollen in Form gehalten werden. Zudem tut selbst großen Rosenbüschen eine regelmäßige „Verjüngung" sehr gut.

Sehen Sie sich den „Tausendjährigen Rosenstock" an!

Dass er einige Male wegen kriegerischer Auseinandersetzungen bis zum Boden niederbrannte, wird der Grund für sein immenses Alter sein. Es handelt sich bei ihm um eine „Rosa canina", eine wilde Hundsrose. Sie sehen: Selbst Wild- und Strauchrosen schätzen eine gelegentliche Verjüngung. Sie müssen ja nicht gleich jemandem den Krieg erklären, ein konsequenter Rückschnitt alle vier bis fünf Jahre (und ein gelegentlicher Formschnitt nach der Blüte) reichen aus. Es gibt jedoch einige heikle „Gemüter", bei denen gar nicht geschnitten werden sollte, z.b. bei der gelben Rugosarose „**Agnes**". SIE muß man nehmen wie sie sind! - Auch das gehört zur Rosennatur …

- **Einmal blühende Rosen**

„Wasserfallähnlich" wachsende sollte man in Ruhe lassen; die jungen Triebe strauchig - buschiger Rosen werden *im Juni* auf die Höhe der Blütenknospen und Blüten zurückgeschnitten.

Bis Anfang August geht man je nach Bedarf genauso vor wie im Juni, zuletzt werden die gar zu langen, hagebuttentragenden Zweige eingekürzt - bitte nicht später, wegen der Gefahr des Erfrierens nicht ausgereiften Holzes.

Soll ein alter Strauch verjüngt werden, macht man das am besten *direkt nach der Blüte* - so müssen Sie weder im laufenden noch im folgenden Jahr auf die Blüte verzichten. Auch ein aus der Form geratener Strauch oder die Rosenhecke erhalten dann ihren „Fassonschnitt".

Wer unsicher ist, sollte alle starken Schnittmaßnahmen in den *April* verlegen.

- **Früh blühende Rosen**

(z.B. die meisten Wildrosen) werden vorsichtig in Form gehalten, und *alle paar Jahre nach der Blüte* durch bodennahes Herausschneiden von überalterten Trieben befreit.

- **Rugosa - Rosen und andere Wildrosen**

…sollte man alle vier bis fünf Jahre von überalterten Trieben befreien. Denken Sie daran, dass sie im Prinzip *Wildobststräucher* sind; schneiden Sie die alten Äste bodennah ab, wie bei Himbeeren, oder bis zur Ansatzstelle des nächsten jungen Triebes, wie bei den Schwarzen Johannisbeeren.

- Bei den **öfter blühenden Rosen**

- also bei fast allen Modernen, und auch bei einigen „Alten" -
wird <u>im April</u> geschnitten. Der Blütenreichtum geht zurück, wenn
hier zu zaghaft gestutzt wird. Sogar einige Strauchrosen erfordern
einen relativ kräftigen Rückschnitt, der sie dazu „animiert",
ansehnliche Büsche zu bilden (…und nicht nur ein oder zwei
sparrige, verkahlte Triebe. Gute Beispiele hierfür sind „**Graham
Thomas**" und „**Westerland**"). Auch kümmernde Strauchrosen
können dadurch neuen Auftrieb erhalten.

Verblühtes wird stets weggeschnitten; Hagebuttenbildung würde
auf Kosten der Nachblüte gehen. Aus Büscheln wird die welke Blüte
entfernt, abgeblühte Büschel werden ganz weggeschnitten: <u>Der Trieb</u>
<u>muß bis herunter zum nächsten voll ausgebildeten (meistens</u>
<u>fünfteiligen) Blattstand eingekürzt werden.</u>
Junge Triebe ohne Knospen werden ebenfalls entfernt.

- **Ramblern …**

sollten Sie die jungen, kräftigen Triebe, die ab Juni erscheinen,
unbedingt belassen. Binden Sie diese möglichst waagerecht an;
Geschickte Gärtner leiten sie spiralförmig um die zu bekletternden
Objekte. Halten Sie jedoch die vorderen Triebe etwas kürzer - in
Nasenhöhe. Also: Besonders Rambler bitte *standortgerecht* wählen!

- **Das Schnittgut**

…sollte aus dem Garten entfernt werden, da Krankheiten drohen.
Bei sehr robusten Rosen (Rugosas) darf man das Material jedoch zur
Ergänzung des Totholzhaufens oder einer „Benjes - Hecke"* nutzen
(*eine „Hecke" aus Stützpfosten und Totholz, in der sich besonders
viele Nützlinge ansiedeln). - Vergessen Sie nicht, die stacheligen
Zweige zum Schutz auch unter die Vogelhäuschen zu binden.

- **Der Schnitt an sich:**

Es wird dicht (aber nicht *zu* dicht) über einer Knospe geschnitten -
leicht schräg, damit Regenwasser abfließen kann. Nur ganz scharfe
Scheren benutzen!

Denken Sie daran, in welche Richtung der beschnittene Trieb
weiter wachsen soll. Die Knospe, über der geschnitten wurde, weist
in die neue Richtung. Manchmal ist das für die Gestaltung wichtig
(gerade bei Strauchrosen), denn auf diese Weise erhält ein Strauch
seine Form.

- **Pflegeschnitt**

Erste Mehltauanflüge lassen sich durch Rückschnitt befallener Triebe mitunter noch stoppen. Die manchmal vorkommende Ringfleckenkrankheit (Krankheitsbild: Kleine runde Pünktchen auf dem Blatt, die allmählich wie „ausgestanzt" herausfallen) wird ebenfalls auf diese Weise eingedämmt. Hierbei ist aber erstens zu bedenken, dass das bei einmal blühenden Rosen auf Kosten der nächstjährigen Blüten gehen kann, und dass ab Anfang August keine starken Schnittmaßnahmen mehr erfolgen sollten. - Stark befallene, kleinere Rosen dürfen selbstverständlich nicht geschnitten werden, da sie durch den Blattverlust ohnehin geschwächt sind.

- **Die so genannten „Wildtriebe"**

Da die meisten Rosen „nicht wurzelecht" sind, d.h., auf einer „Unterlage" wachsen, reckt diese „unedle" Rose bisweilen ganz plötzlich ihre eigenen Triebe in die Luft. Und weil die Wildrose, die unserer Edelsorte die Wurzeln zur Verfügung stellt, meist robuster und wuchsfreudiger ist, stirbt die Edelrose im schlimmsten Fall ab. Bedenken Sie, dass echte Wildtriebe selten sind: Wildtriebe haben wirklich *völlig anderes Laub* (z.B. glanzlos, weich, hellgrün, „wildrosentypisch"…) und entspringen natürlich *unterhalb der „knubbeligen" Veredelungsstelle.*

Man muss sich die Mühe machen, „der Sache auf den Grund" zu gehen: Die Ansatzstelle des Wildtriebs muss freigelegt, der Wildtrieb direkt an der Ansatzstelle ab*gerissen* (!) werden.

Sonstige Rosenprobleme

Abstand: Nur ganz starke, robuste Strauchrosen ertragen es, wenn die Begleiter sehr nahe rücken oder sogar in sie hineinwachsen.

Bodenmüdigkeit: <u>An Stellen, wo bereits Rosen gestanden haben, kränkeln und kümmern die neuen.</u> Bodenaustausch hilft nur, wenn die Vorgänger - Rose den Platz nicht länger als zwei bis drei Jahre durchwurzelt hat.

Wühlmausbedrohte Gärten: Pflanzen Sie die jungen Stöcke in Drahtkörbe, die Sie einfach aus engmaschigem Kaninchendraht selber herstellen, oder fertig kaufen bzw. bestellen können.

Eingewachsene Etiketten: Die wichtigen Namensschilder sollten beim Pflanzen nicht an den Trieben belassen und später nicht direkt an der Rose befestigt werden.

Rosenstützen

Manche Rosensträucher entwickeln lange, instabile, auf den ersten Blick „unpraktische" Triebe… Eine Angewohnheit, die ausgerechnet viele Alte Duftrosen aufweisen. Früher legte man nun einmal mehr Wert auf barocke Blütenpracht und Duft, als auf eine kompakte Strauchform.

Es ist besser, solchen Rosen geeignete Stützen zu gönnen, bevor sie unkontrolliert auseinander fallen. Zudem helfen solche Maßnahmen dabei, die Höhendimension des Gartens zu nutzen; das sorgt für mehr Platz, und für interessante Anblicke.

Die Rosenstütze an sich kann eine edle Zierde sein, vor allem in der blütenlosen Zeit. - (Vermeiden Sie also *bitte* seltsame Versuche mit Plastikschnüren, Wäscheleinen, ausgemusterten Leitern etc., die man leider noch ausgesprochen häufig sieht …)

Über die Wuchsform der künftigen Strauchrose kann man sich rechtzeitig informieren, z.b. im Katalog des Rosenversandes Ihrer Wahl („lockerer Wuchs", „überhängender Wuchs", „lange, weiche Triebe ..."). Bei allen Stützen sollten Sie darauf achten, dass keine Fantasiepreise dafür verlangt werden (Preis - Leistungs - Verhältnis), und dass an Stellen, wo z.B. ein Rankgitter brechen könnte, kein Rost entstehen kann (Verarbeitung). Außerdem sollten sich die Stützen wirklich tief im Boden verankern lassen.

Wie man abstützt, hängt von der Individualität der Rose ab.
Wer von der Rosenstütze gar nichts sehen möchte, kann sie von der jungen Pflanze allmählich zuwachsen lassen.

Weichtriebige Frühblüher mit Wildcharakter können aus **ringförmigen Staudenstützen** „hervorsprudeln", mächtige Rosenbüsche vereinnahmen ganze **Pergolen,** und für Rosen bis ca. 1,20m sind **Rosenstäbe** eine gute Idee.

Rosenstäbe sind auch eine schöne Lösung für sparrige, unten verkahlende Rosen, die ohne solche optische Ergänzungen bisweilen etwas unglücklich dastehen.

Rosenkugeln ergänzen die Stäbe - manche sind innen hohl und können, gefüllt mit Stroh, die Blattläuse fressenden Ohrwürmer beherbergen. Sie sind jedoch nicht jedermanns Geschmack.

Für lange Bambusstäbe, die Gärtneraugen gefährlich werden könnten, gibt es einzeln erhältliche Zieraufsätze.

Fantasievolle Gärtner können auch Steine, Muscheln oder geschälte Wurzelstücke anbohren und als Rosenstabaufsätze nutzen.

Ein freistehender Rankturm - genannt „**Obelisk**" - gibt dem etwas größeren Rosenstrauch ab 1,40m Halt. Solche Objekte können viel vom Flair Englischer Parks in unsere Gärten bringen.

Stellen Sie die stimmungsvolle Gartenzierde doch einmal selbst her: Tief in den Boden gesteckte **Bambusstäbe** werden hierfür in der Form eines Indianerzeltes miteinander verbunden, mit Hilfe von **Haselnussruten, Kokosseil** oder **Weidenzweigen.**

 - **Rankgitter** können auch einmal im Winkel zueinder stehen. Sie sind ideal für mächtige, weichtriebige Rosen wie „**William Lobb**".

- Kaum ein Gartenaccessoire bestimmt die gesamte Stimmung so sehr wie der **Rosenbogen**. Je nach Material und Design, aber auch je nach gewählter Rose kann er durchaus zum Romantischen Garten, zum Naturgarten, zum Bauerngarten oder zum schlichten, modernen Garten passen. Er muß auch nicht den Kletterrosen vorbehalten bleiben; so manche Alte Rose mit weichtriebigem, überhängendem Wuchs eignet sich für einen solchen Bogen besser als ein wilder, wuchernder Rambler. Die Haupttriebe müssen sorgfältig angebunden werden, und im Juni und August sollte für ein Mindestmaß an Formschnitt gesorgt werden (siehe „Schnitt einmal blühender Rosen").

Rosen brauchen genug Platz, einen der jeweiligen Sorte gemäßen Standort und rosengerechte Bodenbedingungen.

Sie müssen sorgfältig in tiefe Pflanzgruben gepflanzt werden. Sie mögen kein nasses Laub.

Austriebsspritzung und vorbeugende Spritzungen mit biologischen Mitteln sind zu empfehlen - außer bei „Rugosas".

Alle paar Jahre wird der Boden mit der Rosengabel gelockert. Der Schnitt richtet sich nach der jeweiligen Rosenklasse, und danach, ob die Sorte einmal oder mehrfach blühend ist.

Ähnliches gilt für das Düngen: Einmalblühende werden nur im Vorfrühling gedüngt, Mehrfachblühende auch noch ein zweites Mal im Juni.

Viele Rosen brauchen Winterschutz, weil gerade moderne Sorten empfindliche „Ahnen" haben.

Anhäufeln mit lockerer Erde ist für Beet- und Edelrosen die Lösung, Sackleinen schützt Sträucher, Rambler und Kletterer.

Locker wachsende Strauchrosen stützen wir dekorativ ab.

Gesunde Sorten aller Klassen:
Strauch- Schling- und Kletterrosen

Die Rose als Zierstrauch

Der Inbegriff der Duftrose ist der Rosenbusch. Ohne ihn kann man sich weder Englische Parks noch alte Bauerngärten vorstellen. Gerade *Historische* Strauchrosen machen den Garten zeitlos schön, denn sie schlagen eine Brücke zwischen dem Gestern und dem Morgen. So manche kann es vom Alter her mit jedem Museumsstück aufnehmen, ist aber so lebendig wie eh und je. Stellen Sie sich das einmal vor - genau wie vor hundert oder sogar tausend Jahren erblüht *dieselbe Sorte* noch heute bei uns!

In Nasenhöhe - und darüber - hängen üppige Blütenbüschel in fantastischen Farben...

Im 21. Jahrhundert sind wir in der glücklichen Lage, den Gartenklassiker Strauchrose auch in Apricot, Gelb oder Orange prunken zu sehen.

Sie müssen sich nicht dazu zwingen, *entweder* die Aktuellen oder die Historischen zu pflanzen.

Die vielfarbigen, öfter blühenden Modernen lassen sich gut mit den harmonischen Pastellfarben der Alten Rosen kombinieren: Die lachsfarbene „**Augusta Louise**" steht in der gemischten Rabatte wunderbar vor der blauviolett blühenden „**Captain John Ingram**", und die rosarote „**Louis van Till**" paßt durchaus zur kirschroten „**American Beauty**"…

Ob Ton in Ton, oder im Kontrast zueinander - das ist einmal mehr Geschmackssache. Was Sie allerdings vermeiden sollten, ist die Kombination von bläulichem Rosa mit Lachsrosa, oder von Magentarot (das schöne Purpurrot mit dem Blaustich) mit Hell-Kirsch- oder Blutrot.

Auch hier muß kein „Entweder/Oder" sein: Hecken oder Holzelemente, die regelrechte „**Gartenzimmer**" voneinander trennen, können Abhilfe schaffen.

Strauchrosen: Einsatzmöglichkeiten

Rosenbüsche mit besonders schöner Wuchsform, oder Kletterer, die an einer malerischen Stütze als Strauch gezogen werden, sollten einzeln stehend zu Blickfängen werden - als „**Solitäre**".

Auch **Gruppenpflanzungen** bieten sich an. In der Gruppe kann eine Sorte betont, bzw. ein stärkerer Farbakzent gesetzt werden.

Sehr reizvoll sind Gruppen aus einer bestimmten Rosenfamilie, z.B. eine Dreiergruppe aus Rosa rugosa, der „Kartoffelrose".

Bei unterschiedlichen Farben wirken *ungerade* Zahlen *harmonischer* (z.B. eine rote, eine weiße und eine gelb blühende Bibernellrose als Dreiergruppe).

Die stachelige Schönheit einer vollendeten Strauchrosengruppe wird gern von Vögeln, Igeln und anderen Nützlingen als Quartier angenommen. Auch andere Zier- und Wildobststräucher wie Felsenbirne (Amelanchier ovalis „Pumila", A. lamackii macrocarpa), Apfelbeere (Aronia melanocarpa) können sie u.U. ergänzen. Falls man Rosensorten wählt, die vorbeugend gesprüht werden müssen, sollte man natürlich von Wildobst absehen, denn auch die biologischen Mittel sind nicht gerade zum Verzehr geeignet.

Denken Sie bei der Gestaltung auch an die Regel: „Die *Kleinen* nach vorne!", und fügen Sie hinzu: „Die Niederliegenden *auch* nach vorne!"

Die Blühzeiten sollten aufeinander abgestimmt werden. Es sieht z.B. besser aus, wenn zwei einmalblühende Rosen eine öfterblühende flankieren, als umgekehrt. Und wenn gleich mehrere nur im Juni blühende Rosen dicht zusammen stehen, ist das monatelang recht eintönig! Anders ist es mit Rosen, deren Laub sich dekorativ verfärbt: Eine Gruppe mit Rosa pimpinellifolia oder Rosa rugosa sieht immer gut aus… Nach der Blüte kommen gleich die Hagebutten, und am Ende ziert das schöne Herbstlaub:
Bei den Bibernellen in Rot, und bei den Rugosas in Gelb.

Die Pflanzstelle für die Strauchrosengruppe wird wie ein großes Inselbeet hergerichtet. In Gärten, wo es Probleme mit Ackerwinden, Giersch und Quecken gibt, lässt man das Beet brach liegen. So lassen sich auch kleinste vergessene Wurzelstückchen beim Austreiben „ertappen" und dadurch doch noch erwischen.

Links: Vinca major, das große
Wald - Immergrün.
Ab und zu muß man es ein wenig zur
Räson rufen, damit es nicht in die
Rosensträucher hineinklettert.

Eine solche niedrig
bleibende Gemeinschaft
kann man sich gut unter
einer Strauchrosengruppe
vorstellen. Unkraut wird vor
allem in den ersten Jahren
gejätet.

Der richtige
Rahmen für
Gallicas - weiter
rechts steht
„Gloire de
Jardins"

Rasenkanten helfen, geschwungene Außenkanten „mähergerecht" zu
arrangieren. Für die etwas größere Fläche gilt: Begleitstauden,
Bodendecker und Frühlingsblüherzwiebeln vervollständigen das
Ganze. Geeignet sind Storchschnabel (Geranium), niederliegende
Fetthennen (Sedum spurium), Frauenmantel (Alchemilla vulgaris),

32

Lungenkraut (Pulmonaria officinalis), Walderdbeeren, Taubnessel (Lamium) - oder Vinca Major, das große Wald - Immergrün.

Dieser Bodendecker mit dem schönen, glänzenden Laub soll sogar Giersch unterdrücken, *falls* man doch ein Wurzelstückchen vergessen hat - aber vor allem sorgt er für eine so verwunschene Waldatmosphäre, wie sie nur eine blau blühende, glanzlaubige Schattenpflanze zustande bringt.

Sie können den Boden einer Strauchrosengruppe vorübergehend mit *einander überlappenden* Zeitungen abdecken, bis die in kleine Schlitze gepflanzten Bodendecker geschlossene Bestände gebildet haben. Bitte besonders großzügig Mulch über die Zeitungen streuen! Auch das neuartige Unkraut - *Vlies* kann eingesetzt werden. Breiten Sie es über die gesamte Pflanzstelle aus; die jungen Bodendecker und die Begleitstauden werden in Schlitze gepflanzt.

Rosen in Pflanzungen mit Vlies benötigen allerdings häufiger zusätzliche Bewässerungen.

Das dauerhafte Material lässt Wasser und Nährstoffe durch (Flüssigdünger und verdünnte Pflanzenjauchen benutzen), unterdrückt aber die meisten Unkräuter (Ränder beobachten!).

Nur besonders zähe Wurzelunkräuter und sich ausbreitende Großgräser schaffen es, hindurch zu stoßen.

Fingerkraut, Gundermann oder Sauerklee - also Wildkräuter, die eher hübsch als störend sind - können es vom Rand her „erobern", was unter Strauchrosen ein stimmiges Bild ergibt. Wer das nicht mag, kann die ungerufenen Gäste problemlos entfernen. -

„Mixed Boarders" werden auf ähnliche Weise angelegt; solche gemischten Rabatten aus Gehölzen, Rosen und Stauden sind typisch für Englische Gärten. Hier dienen die großen Rosensträucher als Hintergründe, und die kleineren tummeln sich, zusammen mit anderen niedrig wachsenden Pflanzen, im Vordergrund. -

Manche Strauchrosen eignen sich sogar für **Hecken**. Besonders Vögel finden hier ein gutes Rückzugsgebiet.

Die meisten Rosenanbieter weisen in ihren Katalogen auf jene Sorten hin, deren Wuchsform und Robustheit Heckenpflanzungen zulassen. Als Hecken sollten die Strauchrosen etwas enger gepflanzt werden, allerdings müssen Sie darauf achten, dass jede einzelne genug Nährstoffe erhält. - Nicht nur der Garten wird von Rosensträuchern verschönert (und „beduftet"): Strauchrosen eignen sich auch als **Schnittblumen.** Die kurzstieligen Blüten lässt man einfach in Glasschalen schwimmen.

33

Alte Rosen

Fast alle Rosen, die bis zum Ende des Neunzehnten Jahrhunderts entstanden, können als Strauchrosen gepflanzt werden. Jahrhunderte lang verstand man unter ihrem Erscheinungsbild den Inbegriff der Rose - kräftige, oft Hagebutten bildende Büsche, deren Blüten kaum an die modernen Edelrosen erinnern.

Von Dauerblühen und kompakter Wuchsform war zumeist noch keine Rede. Stattdessen legte man Wert auf starken Duft und pompöse Blüten. Die Alten Gartenprunkstücke blühen „geviertelt", schalen- oder pomponförmig, zeigen oft ungewohnte Violetttöne, sind häufig besonders dicht gefüllt, und haben recht weiche „Petalen" (Blütenblätter). Weil viele der Historischen Rosen als robuste Dufter so wichtig sind, möchte ich Ihnen einige (!) *Klassen* kurz vorstellen. Duftstachler mit ziemlich stabiler Blattgesundheit sind fett gedruckt!

- **Gallica - Rosen** (Rosa gallica)

Einige besonders gesunde Strauchrosen sind unter den Gallicas zu finden. Der Duft der Blüten bleibt auch nach dem Trocknen lange erhalten, was sie besonders geeignet für Rosentee macht (siehe Rezeptteil). Ernten Sie die Blüten mit Respekt: Bei der Verarbeitung von Gallicablüten folgen Sie tausendjährigen Traditionen. Für eine sehr lange Zeit war sie eher eine Nutzpflanze als ein Ziergehölz.

Sie erhielt ihren lateinischen Namen, weil ihre Blüten in Essig eingelegt und als Medizin verabreicht wurden; die Stammform **„Rosa gallica officinalis"** heißt nicht umsonst „Apothekerrose". Rosa gallica gilt aber auch als die älteste Gartenrose.

Als die Griechen den Begriff der „Königin der Blumen" prägten, sprachen sie vermutlich von keiner anderen. Die Blütenfarben sind meistens dunkle Violett - und Magenta - Töne, und die so genannten „verrückten Gallicas" weisen erstaunliche Zeichnungen auf („Ton in Ton - Pünktchen", Streifen und Zweifarbigkeit). Hätten Sie das gedacht? Gescheckte und panaschierte Rosenblüten sind keine neuzeitlichen Züchtermarotten! Bei den Gallicarosen sind die meisten Blütenmuster schon einmal dagewesen.

Leider blühen selbst die „jungen" Gallica - Sorten (z.B. die kirschrote **„James Mason"** aus den Achtziger Jahren des vergangenen Jahrhunderts) nur einmal im Juni. *Dafür gedeihen die meisten von ihnen sogar im (luftigen!) Halbschatten.*

Und winterhart sind sie auch - natürlich, denn **Rosa gallica officinalis** ist eine mitteleuropäische Wildrose.

Aus diesem Grund können reine Gallicarosen auch wurzelecht gepflanzt werden. - Die Stecklinge hierfür werden bis auf das obere Blatt entlaubt und bis zur Spitze in die Erde gesteckt; übers Jahr haben Sie sich dann häufig bewurzelt ... noch einmal umpflanzen, und zwei Jahre später kann das Röslein an seinen vorgesehenen Standort! - Wurzelechte Gallicas vermehren sich über Ausläufer.

Auch hier gilt: Wenn Sie Ausläufer abstechen und eintopfen, haben Sie bei Rosenführungen durch Ihren Garten sogar Präsente parat. Für alle, die Blut geleckt haben ...

- **Alba - Rosen**

Diese häufig stark duftenden Blütenköniginnen gelten neben den Gallicas als die gesündesten Alten Rosen. Ihre verschwenderisch dicht gefüllten, harmonisch geformten Blüten (Rosa alba) sind meistens hell, wie der Name „Weiße Rose" schon sagt.

Die ersten Sorten entstanden bereits in der Antike. Für sehr kleine Gärten sind sie leider weniger geeignet; schade, denn die Winterhärte ist ausgezeichnet(!), und nahezu alle gedeihen im lichten Halbschatten. Der aufrechte Wuchs macht sie zu guten Heckenrosen, allerdings sollten sie nicht auf diese Rolle reduziert werden:

Auf einem Solo - Standort sind sie als Einzelsträucher herrliche Blickfänge. Wenn Sie das Glück haben, einen wirklich großen Garten zu besitzen, sollten Sie auf diese Rosenklasse nicht verzichten.

- **Damascenerrosen** (Rosa damascena)

...wurden wahrscheinlich von den Kreuzrittern aus dem Orient mitgebracht. Seltsamerweise sind auch diese „Rosen aus Damaskus" recht winterhart - gewissermaßen ihrer Abstammung zum Trotz.

Unter ihnen sind die edelsten aller Duftrosen zu finden.

Es war ihre „Aufgabe", zu duften; jahrhundertelang dienten sie vor allem zur Gewinnung von Rosenöl, bzw. anderen Duft - Produkten. Noch heute werden einige Sorten feldmäßig angebaut. Manche - die so genannten „Herbstdamaszener" (=„Autumn Damask") - blühen im Herbst ein wenig nach (=„remontieren"). Besonders gesund bleiben die einmal blühenden Damaszener - Sorten.

- Die **Zentifolie**

- die „tausendblättrige" Rosa centifolia - ist die Bauerngartenrose schlechthin. Viele Maler waren fasziniert von ihrer Schönheit, und verewigten sie in Öl. Das Wort „üppig" beschreibt sie am besten. Wenn Sie eine Zentifolienblüte ernten, haben Sie gleich eine ganze Hand voll wertvoller, aromatischer Petalen. Einige weisen die bei Alten Rosen so begehrte „Viertelung" auf, das heißt, dass sich die Blütenblätter in vier „Wirbel" aufteilen (!). Auch ihre Winterhärte ist ausgesprochen gut. Viele Zentifolien - jedoch nicht alle - sind ausgesprochen robust, und der Duft einiger Sorten übertrifft alle Bauerngartenträume.

- Die **Moosrose** (Rosa muscosa)

...ist eine Mutation der Zentifolie. Sie trägt „moosige", weiche Drüsenhärchen an den Trieben, Knospen und Früchten, die bei Berührung harzig duften. Manche Rosen dieser Klasse remontieren (d.h., sie setzen bis zum Herbst immer wieder einzelne Blüten an). „James Veitch" etwa (Endhöhe weniger als 1m) blüht in guten Jahren beharrlich bis zum Frost. Er bekommt allerdings immer wieder etwas Falschen Mehltau, und die Knospen sind regenanfällig. Der Duft ist dafür bemerkenswert: Ich meine eine Art sahnigen Fruchtlikör „herauszuriechen". - Auch andere Moosrosen sind etwas kränklicher als bei anderen Alten Rosen üblich. Sie neigen vor allem zu Mehltau und Rost. Einmal mehr ist die Lage Ihres Gartens wichtig: In Bergregionen etwa kann es sein, dass selbst anfällige Sorten keinerlei Befall zeigen. Bei kleinen Gärten ist Vorsicht geboten; obwohl der Name „Moosrose" possierliche Bescheidenheit suggeriert, gibt es unter ihnen mächtige Vertreter, die entschlossen in die Breite gehen, und kräftig in die Höhe wachsen. Vielleicht ist das der Grund, warum besonders viele Moosrosen nach Männern benannt wurden? **„William Lobb"**, **„Baron de Wassenaer"**, „Henri Martin", „Alfred de Dalmas", **"James Mitchell"**, **„Captain John Ingram"**, „General Kléber" und „Goethe" - man bedenke, dass einige von ihnen auch noch tuffig rosa sind! - Moosrosen wie die halbgefüllte, violette **„Celina"** und oder die rosafarbene **„Marie de Blois"** sind daneben schon beinahe Ausnahmen.

Nun Ja, vielleicht gibt es noch einen Grund: Einst hörte ich eine echte Garten - Muffelin sagen, diese Rosen gefielen ihr, denn ihre Hagebutten fühlten sich an wie Fünftagebärte.

- **Portlandrosen**

Sie erinnern sich an die Herbstdamaszener - jene Damaszenerrosen, die im Herbst etwas nachblühen? Man nimmt an, dass sich gegen Ende des 18. Jahrhunderts eine Herbstdamaszenerin in eine Gallicarose „verguckte"… Viele durch diese Zufallskreuzung[4] enstandenen Portlandrosen blühen deshalb im Herbst fleißig nach, bzw. sie sind nahezu dauerblühend. Die Ahnen vererbten ihnen den zumeist guten Duft und die beachtliche Winterhärte. Die meisten Sorten blühen in eher dunkleren Farben, was auf das mutmaßliche Gallica - Erbe hinweist. Sehr schön ist „**Mme Knorr**" (rosa).

- **Remontantrosen** (Rosa hybrida bifera)

…stellen vollends den Übergang zur Moderne dar. Genau genommen sind sie keine „Alten" Rosen … Sie zeigen nicht nur eine deutliche Nachblüte, sondern oft eine „moderner" anmutende Blütenform. Allerdings sieht eigentlich keine wie die andere aus, da in ihnen das Genmaterial aller möglichen Alten Rosen zusammengebracht wurde.

Auch die Frosthärte ist sehr unterschiedlich; während Sorten wie die leuchtend rosarote „**American Beauty**" (1875, 1,80m) und die wunderschöne „**Reine de Violettes**" (1,20m, 1860) sehr frosthart sein sollen, wollen „Heinrich Schultheis" (hellrosa, 1882, 1,20m) oder die seltsam weiß gerandete, fast edelrosenähnliche „Roger Lambelin" (rot, 1890, 1,20m) mit ausreichendem Frostschutz in den Winter gehen.

---

[4] Als Zufallskreuzung bezeichnet man alle Kreuzungen, die ohne menschliches Planen entstanden sind. Bei den Portlandrosen „passierte" es vermutlich in einer Hecke, die aus Gallicas und Damaszenern bestand. - Deutschland war, was *bewußtes* Kreuzen von Rosen angeht, übrigens ziemlich spät im Spiel: Erst 1773 entstand in Kassel eine geplante Rosenkreation. Ihr Name: „Perle von Weißenstein"; - eine leider sehr empfindliche Gallicarose.

Wildrosen und ihre Hybriden

Wildrosen brauchen die wenigste Pflege, und sie versorgen Vögel und Nutzinsekten mit Deckung, Pollen und Hagebutten.

In jedem Garten sollte es mindestens eine Wildrose geben, die uns mit frühen Blüten erfreut und Nützlinge in den Garten lockt: Im **Schmetterlingsgarten** darf Rosa vosagiaca nicht fehlen, und die **meisten Nutzinsekten** lieben die Stammform der Apfelrose, Rosa rubinigosa.

Glücklicherweise gibt es auch eine ganze Reihe unserer *robusten Dufter* unter den Wildrosen. Ein gartenwürdiges Beispiel ist die leicht gefüllt blühende „**Rosa californica plena**". Die dunkelrosa blühende (Halb-)Wilde bildet einen hohen, aber recht kompakten Strauch. Vor ihrer gelinde gesagt gewöhnungsbedürftigen Schwester, der fürchterlich plastikrosafarbenen „Rosa californica", sollten Sie sich übrigens hüten. Dieses... Ding hat keine ersichtlichen gärtnerischen Reize, keinen Geruch, nichts - und zudem auch noch die Angewohnheit, seine glanzlosen Blüten mit schmutzigbraunem Pollen zu bekleckern, was ihm den dezenten Charme eines alten Badeanzuges verleiht, der sich aus keinem besonderen Grund ständig selber mit Kakao übergießt.

Rosa californica plena hat mit dieser schlampigen Schwester wenig zu tun; sie besticht durch Schönheit und Halbschattentauglichkeit. Der Duft ist leicht und etwas „launisch"[5]. Trotz ihrer Herkunft ist sie ziemlich winterhart, wenn auch nicht auf eigener Wurzel.

Ebenfalls sehr robust ist Rosa arvensis, die feinblütige weiße Feldrose, deren rosa - weiße, halbgefüllte Sorte „**Rosa arvensis splendens**" ebenfalls duftet. Sie entwickelt sich zu einem mächtigen Strauch, und sie ist eine gute Lösung für schwer zu pflegende Steilhänge, an denen sie mit etwas Unterwuchs verwildern darf.

- Wer schon vom ersten Frost an auf die nächste Rosenblüte wartet, sollte sich vor allem den **Bibernellrosen (Rosa pimpinellifolia**, bzw., wie man heute sagt: **R. spinossisima**) zuwenden - sie eröffnen die Rosensaison bereits im Mai.

---

[5] „Launischer" Rosenduft: Manche Sorten duften erst bei großer Hitze, oder nur zu bestimmten Tageszeiten! Zwei Beispiele: „Veilchenblau", ein Rambler, dessen Blüten erst dann stark nach Lindenblüten riechen, wenn das Thermometer über 26° klettert, und „Graham Thomas", dessen Blüten bei starker Hitze plötzlich herrlich nach Edelrose riechen.

Hagebutten der
Bibernellrose
„Red Nelly"

Bibernellrosen sind aber auch genau das Richtige für feinsinnige Sammler: Jede Sorte hat sowohl ihre individuelle Schönheit, als auch eine reizvolle Familienähnlichkeit mit allen anderen.

Farnartiges Laub, das tatsächlich Pimpernelleblättchen ähnelt, sorgt für ein gewisses Etwas unangreifbarer Leichtigkeit. Tatsächlich ist es völlig robust - es sei denn, die betreffende (gelbe) Sorte hat Gene der fernöstlichen Fuchsrose. Der oft wasserfallähnliche Wuchs kann für ganz besondere Gartenbilder sorgen, z.B. auf Trocken-mauerkronen. - Ob bodendeckend oder aufrecht wachsend, die nützlingsfreundlich einfach blühenden Bibernellrosen benötigen nahezu keinen Schnitt, denn die Wuchsform ist von Natur aus dekorativ, - und auch keine Düngung (!).

Nur öfter blühende Hybriden wie „**Stanwell Perpetual**" benötigen bessere Böden. Fast alle anderen begnügen sich auch mit <u>armem oder sandigem Grund</u>, es sei denn, man zieht sie im Kübel, wo auch sie gute Kübelerde benötigen.

Eine Besonderheit sind die oft lackschwarzen Hagebutten. Im <u>meist orangeroten (!) Oktoberlaub</u> sieht das außergewöhnlich hübsch aus. (Menschen brauchen sie aber gar nicht erst zu probieren - die Früchte dieser Rosenklasse schmecken scheußlich!)

Die Bibernellrosen waren in alter Zeit sehr in Mode, ähnlich wie die nicht minder interessanten, eher sommerblühenden **Apfel-** bzw. **Weinrosen** (Rosa rubinigosa). Sie wurden so sehr von den modernen Dauerblühern verdrängt, dass die meisten verlorengingen. Es sind vor allem einige engagierte Schotten, die sich heute bemühen, möglichst viele alte „Scotch Roses" wiederzufinden … zum Teil mit interessanten Erfolgen!

Immerhin sind noch eine ganze Reihe der dekorativen, gesunden Sträucher bei den Rosenschulen erhältlich, sogar die Rarität „**William III**". - Zum Glück: Kaum eine Gruppenpflanzung ziert so sehr wie eine Dreier- oder Fünfergruppe aus Bibernellrosen. Auch zeitgenössischen Züchter kümmern sich wieder um diese kerngesunde Rosenklasse. - Wußten Sie es? Die in der Mitte des Zwanzigsten Jahrhunderts von Kordes gezüchteten „Frühlingsrosen" („**Frühlingsduft**", „Frühlingsgold", „**Maigold**"…) stammen von Bibernellrosen ab, genauso wie die 2002 entstandene, öfterblühende Englische Rose „**Lochinvar**" - aber auch moderne Klassiker, z.B. die einfach blühende, <u>sehr frostharte</u> „**Golden Wings**"!

Fast noch wichtiger als die robusten Bibernellen sind für uns die **Rugosas (Rosa rugosa)**, weil nahezu *alle* stark duften. Der schnöde deutsche Name „Kartoffelrose" erinnert uns an etwas zu essen; nicht schlimm - tatsächlich sind die „Rugosas" (Rosa rugosa und Rosa rugosa alba) aus dem Fernen Osten *die* Speiserosen schlechthin.

<u>Spritzungen würden ihrem runzeligen „Kartoffel" - Laub sogar schaden!</u> Es kann also kräftig geerntet werden: Rugosas liefern uns außer den Petalen auch die einzigen Rosenfrüchte, die wirklich ergiebig und leicht zu verarbeiten sind.

Die Stammform der <u>zum großen Teil auch Halbschatten duldenden</u> Rosen (- auf Chinesisch übrigens „Mei Kuei"-) war übrigens schon in ostasiatischen Gärten zu finden, als hierzulande noch niemand auch nur an´ s Gärtnern *dachte*. Viele Rugosas entwickeln Ausläufer, was die niedrig wachsenden unter ihnen zu effektiven Bodendeckern macht. Bei allem Nutzen hat sie es auf keinen Fall verdient, nur als Ernterose oder gar als Straßen-begleitgrün herzuhalten… In der letztgenannten Rolle sieht man sie oft, denn sie ist ziemlich salztolerant. Auf jeden Fall ist auch die Optik der meisten Sorten bemerkenswert. Einige sehen vielleicht etwas „hausbacken" aus; andere sind sehr edel, und zeigen nostalgische oder sogar fransige Blüten.

Empfindlichere Hybriden sind daran zu erkennen, dass das Laub nicht runzelig - dick wie bei den Rugosas aussieht, sondern eher wie das normale Rosenlaub anderer Vererber. Aber selbst diese sind noch relativ robust - z.B. „**Parfum de l´Haye**", die die empfindliche Remontantrose „General Jack" im Stammbaum hat, und dennoch eine recht gesunde Duftrosensorte ist.

Die legendäre „**Dart´s Defender**" wiederum ist Beispiel für Züchtungsversuche mit besonders robusten Wildrosen. Für diesen kleinen, violettrosa blühenden Strauch wurde Rosa rugosa mit der durch kleine Hagebüttchen und rotes Herbstlaub besonders dekorativen Amerikanischen Wildrose Rosa nitida gekreuzt; leider ist sie sehr selten. Eine weitere interessante Kreuzung aus Rosa nitida und Rosa rugosa ist „**Rosa rugotida**", die duftet, sehr robust ist und mit 1m Endgröße eine gute Lösung für kleine Gärten sein dürfte. Sie blüht rosa - leider ist mir nicht bekannt, ob sich ihr Herbstlaub rot einfärbt wie bei Rosa nitida. Die auch für Kübel geeignete Hagebuttenrose wird sogar wurzelecht angeboten. Nun, diese Reihe ließe sich noch lange forsetzen - gerade Duftliebhaber mit Abneigung gegen Chemie im Garten sollten auf jeden Fall immer wieder nach **Rugosa** - Sorten fragen. Auch in der letzten Zeit sind wieder viele reizvolle neue entstanden.

Kletternde Rosen

Manche Wildrosen „klettern" sogar, z.B. die Amerikanische Rosa setigera. Dieser „Wild - Rambler" ist nicht gerade in jedem zweiten Hausgarten zu finden; ein Rosenzüchter, der ihren Wert für die Züchtung winterharter, robuster Rosen erkannte, war der Ungar Rudolf Geschwind, dessen Kreationen heute viel zu selten gepflanzt werden. Eine seiner (meiner Meinung nach) schönsten ist die dunkel blauviolette „Erinnerung an (Herrn) Brod", die man ebenfalls als zurückhaltenden Kletterer einsetzen kann.

Unsere **Rambler - Rosen** (sprich: „Rämbler", abgeleitet von dem Verb „to ramble"), die mit ihren langen, weichen Trieben Mauern, Zäune, Pergolen und sogar alte Bäume verschönern, stammen allerdings überwiegend von fernöstlichen Wildrosen ab, die sich normalerweise in den Asiatischen Dschungeln in die Höhe drängen.
Rosa wichuraiana… **Rosa multiflora**… Nein, nein, das müssen Sie nicht auswendig lernen! - Versuchen Sie nur wenigstens *ein*mal, „Rosa wichuraiana" auszusprechen - sie ist so wichtig für uns, wegen all der schönen Schlingrosen, die aus ihr entstanden sind. Wenn Sie Silbe für Silbe vorgehen, wird es schon gehen…
Einige lateinische Pflanzennamen sind nun einmal aus den Namen der Fundorte entstanden. Kommen Sie, es ist ganz leicht, Sie dürfen sich auch einen Chinesischen Gartenfreund vorstellen, der versucht, „Hedera helix wuppertalerania" auszusprechen (- „Efeu aus Wuppertal", habe ich gerade erfunden) - wie, das können Sie selber nicht? - Aber wenigstens die „**Multiflora**" sollten Sie sich merken: Auch die Wildform ist eine gesunde, „rämbelnde" Gartenrose mit weißen Blütchen, die stark nach Honig riechen.
Die meisten Ramblerrosen blühen nur einmal, dann allerdings „mit Nachdruck". Die den Wildformen ähnelnden streben auch gern

aus dem lichten Halbschatten empor. Viele setzen im Herbst noch kleine Hagebüttchen an. - Wer seinen Nutzinsekten im Juni etwas gönnen will und genug Platz hat, wird mit einem einfach blühenden Rambler eine vor Leben summende, manchmal sogar weithin duftende Sensation im Garten haben.

„**Kletterrosen**" („Climber") wachsen nicht so stark; sie brauchen all ihre Kraft für die ständig erscheinenden Blüten. Übrigens gibt es auch von manchen Edel- Floribunda- und Nostalgierosen kletternde Formen, zum Beispiel von vielen Englischen Rosen.

Wird die Kletterrose unten kahl, können Stauden oder robuste, niedrige Strauchrosen in passenden Farben davor gepflanzt werden. Im Idealfall werden die vorderen Triebe auch bei den Einmalblühenden durch Schnitt etwas niedriger gehalten.

Strauchrosen blühen in Büscheln, setzen oft Hagebutten an und brauchen meistens wenig Pflege.
Als Schnittblumen „dümpeln" die kurzstieligen Strauch- Rambler- und Kletterrosenblüten am liebsten in Schalen. Viele Strauchrosen sind völlig winterhart, und auch der Schnittaufwand hält sich bei den meisten in Grenzen. Manche sind klein wie Beetrosen, andere entwickeln sich zu mächtigen Riesenbüschen.
Die Wuchsformen sind sehr unterschiedlich, deswegen sind sie vielseitig verwendbar.
Als Hecken pflanzt man die Aufrechten, und Solisten entfalten Charakter.
Strauchrosengruppen sind Gartenjuwelen, die gleichzeitig wertvolle Nützlingsheimstätten sind.
Sehr reizvoll sind auch Mixed Boarders mit Rosen.
Fast alle Wildrosen und die meisten Alten Rosen blühen nur einmal (wie fast alle Ziersträucher), die Modernen blühen bis zum Frost. - Nur den letzteren sollte man die welken Blütenstände abschneiden.
Kletterrosen werden meist zwischen zwei und vier Meter hoch. Sie sind oft mehrfachblühend. Ihre Triebe sind steif und nicht sehr biegsam. Die weichtriebigen, meist nur im Juni blühenden Rambler sind geschmeidiger und starkwüchsiger; sie haben häufig kleinere Blüten. Man sollte so viele Jungtriebe wie möglich so waagerecht wie möglich anbinden. - Auch viele Strauch- und Kleinstrauchrosen können als Kletterrosen eingesetzt werden.

Strauch- und Kletterrosen im Porträt: „Himmelsauge"

Was ging in Rudolf Geschwind vor, als er diese Rose 1895 so nannte? - Ich weiß nicht, warum sie so heißt. Ich nehme an, der Grund dafür ist die Ähnlichkeit mancher Einzelblüten mit diesen Löchern in dichten Wolkendecken, durch die die Sonne scheint, die einem manchmal an einem wirklich weiten Himmel auffallen - und wann ist der Himmel weiter als im Juni, wenn „Himmelsauge" mit voller Kraft blüht?

„Himmelsauge" besitzt das Laub ihres Amerikanischen Elters „Rosa setigera", und ist dennoch so robust wie der Japanische Elter „**Rosa rugosa Rubra Plena**". - Was soll man dazu sagen? „Prinzessin Mononoke in der Prärie"? Als Kind der Achtziger Jahre muss ich diese Rose ehrlicherweise *abgefahren* nennen.

Das erste Exemplar, das ich sah, begeisterte mich allein durch die Farbe, obwohl ich Rosa sonst nicht mag. Ich suchte im Bergpark Wilhelmshöhe nach Rosen, die zu meinem Garten passen würden.

Nun sind dort nicht alle Nummernschilder großartig gut zu sehen; so kam es, dass ich mit meinem kleinen, betagten Rüden immer tiefer unter das Gewirr von liegenden Ramblertrieben geriet. Als ich wieder auftauchte, bemerkte ich die Füße eines Mannes, der uns ganz selbstvergessen zusah, wie wir uns dort unterm Rosenbusch ergingen - zu welchem Zweck auch immer. - Oh, - sagte ich.
Ich denke, Sie haben schon gemerkt, dass ich selten um Worte verlegen bin, aber da war es dann soweit.

Zum Glück habe ich das Nummernschild aber gefunden und konnte die Rose näher kennen lernen:
Wer sie wie ich als staksiges Holzstück in ein zu kleines Pflanzloch gesteckt hat - (erkältet, Sie wissen schon -) auf viel zu schwerem Boden - und dann nur zwei Jahre später im Juni in ihrem Schatten (!) saß, ist sehr versucht, ihre Erscheinung auch noch mit Worten wie „mystisch" zu beschreiben. Aber das können Sie erst verstehen, wenn Sie diesen Gartenschatz aus der Nähe gesehen haben.

Vier Wochen lang sieht ihr Blütenkleid jeden Tag anders aus, und man möchte in Gebrüll ausbrechen über die eigenen unzureichenden Fähigkeiten als Fotograf…

„Himmelsauge" soll hier stellvertretend für alle etwas niedrigeren Rambler stehen, die mit Hilfe einiger stabiler Stützen allmählich auch zum Strauch aufgebunden werden können, oder die einfach als liegende Büsche in immense Breiten wachsen - am besten von einem Hügel herab, und im Naturschutzgarten über eine Igelkuppel.

Für kleine Gärten eignet sich diese Rose nur, wenn man sie aufbindet und in einer Höhe von etwa 1,60m konsequent in Strauchform hält. Auch zum Erobern eingewachsener Bäume ist die durch und durch robuste „Himmelsauge" sehr gut geeignet.

Ein Standort im lichten Halbschatten ist dabei kein Problem.

Beim Rückschnitt des Neuaustriebes im Juni und im August sollte man versuchen, Stecklinge zu gewinnen, denn, wer weiß! Vielleicht schafft es der sehr winterharte Rambler bei Ihnen auch „wurzelecht". Alles in allem ist „Himmelsauge" eine Rose, die einen das Streben nach Dauerblühern vergessen lässt, denn sie macht den Juni zum Gartenhöhepunkt, und vielleicht zum Anlass für ein Rosenfest. Im Herbst folgen Hagebutten. - Der Blütenduft ist launisch und leicht; mittags in der Sonne ist er von Zeit zu Zeit intensiv wahrnehmbar. Als Begleiter eignen sich Stauden, die zur selben Zeit blau blühen.

Pflege: Nie wieder Spritzen. - Farbe: Nicht zu beschreiben, und das manchmal auch noch mit weißen Streifen …

„Westerland"

Man möchte sie eine „moderne Historische" nennen, obwohl sie erst 1969 entstanden ist - sie war von Anfang an ein Klassiker. Aus dem Duftgarten ist sie kaum wegzudenken. Ihre Pflegeleichtigkeit macht sie außerdem zu einer guten Rose für anspruchsvolle Anfänger, die nicht auf volle Rosenschönheit verzichten wollen. Da man sie auf einer Höhe von etwa 1, 30m halten kann, eignet sie sich auch für kleinere Gärten. - Wer einen kräftigen Farbakzent setzen will, der trotzdem nicht schrill ist und gut mit vielen anderen Farben harmoniert, ist mit ihr gut beraten.

Wenn nicht eines Tages eine orange Rugosa - Rose das Angebot bereichert, bleibt „Westerland" wahrscheinlich das Gesündeste, was man in dieser Farbe pflanzen kann.

Oben: „Gloire de Jardins"
Mitte: „Himmelsauge"
Rechts: „Westerland" mit
„Veilchenblau"

Gute Rennstrecke:
Meine Hündin
wird gleich an
„Himmelsauge"
vorbeiflitzen

Sehen Sie, wie gut das schwer zu beschreibende Apricot - Orange in der Schale die fliederblauen Einzelblüten von „Veilchenblau" ergänzt? Denken Sie daran, bei der Wahl der Begleitstauden.

„Mit Westerland fing alles an", sagen viele Rosensammler, deren Garten sich allmählich in einen Rosengarten verwandelte, nachdem sie der halb gefüllt blühenden Strauchschönheit begegneten. „Westerland" führt viele, die nur Edelrosen aus dem Laden kannten, zu Rosensträuchern zurück.

Dabei muss man sie konsequent schneiden, um sie in Strauchform zu halten. Kürzen Sie im April die *starken Triebe ein wenig* und *die schwachen Triebe beherzt* ein, damit die Rose nicht innen verkahlt. Gar zu gern lässt sie nur wenige, aber daumendicke (und dickere!) Triebe sparrig in die Höhe ragen - Sie verliert bald „die Fassung", wenn zu zaghaft oder gar nicht geschnitten wird.

Leider sieht man immer noch Vorgärten, in denen es außer Rasen und Thujabäumen gerade noch jene einzige, kümmerliche „Westerland" gibt, deren drei oder vier Triebe wie Spazierstöcke aussehen … Gern erhöht man hier den Zierwert, indem man sie mit Plastikwäscheleinen an halb verrottete Latten bindet. - Noch einmal: Es gibt dekorative, einfache Lösungen, wenn Ihnen Rosenstäbe (wie meistens auch mir) zu teuer sind - denken Sie nur an Bambusstäbe und dergleichen. Selbst ein Holzpfahl, wie man ihn für Obstbäume braucht, kann - von Anfang an neben eine Strauchrose gesetzt - eine lebenslange *unsichtbare* Stütze sein, wobei man allerdings an einen Pfostenschuh denken sollte. - Für „Westerland" ist diese Lösung natürlich nicht geeignet - bei ihr sollten, wenn nötig, *zierende* Stützen gewählt werden, da sie im Allgemeinen *sichtbar bleiben*.

Auch ist sie eine Rose, die gerne unten verkahlt. Sie benötigt unter Umständen mittelhohe Stauden (oder kleinere Strauchrosen) als Vorpflanzung, die ihre bloßen Füße verbirgt.

Die sonstige Pflege dieses modernen Klassikers ist denkbar einfach. Gönnen Sie ihr eine Austriebs- und einige vorbeugende Spritzungen mit einem umweltfreundlichen Pflanzenstärkungsmittel (mehr ist nicht nötig), und im Winter sollte man sie mit ein paar Fichtenreißern abhängen (was ich noch nie getan habe). Sternrusstauanfälle in schlechten Jahren überwächst sie sehr gut, zur Not können Sie befallene Triebe abschneiden. Diese Maßnahme wirkt auch ihrem Sparrigwerden entgegen, denn sie treibt willig neu aus. (Den meist starken, rötlichen Neuaustrieb aus der Basis bitte nicht mit Wildtrieben verwechseln!)

Abgeblühtes sollte man nur teilweise entfernen, obwohl sie bis zum Frost blüht; „Westerland" setzt dicke, orange Hagebutten an, die deutlich nach Karotte schmecken. (Mit „spitzen Zähnen" ist es ganz leicht, Hagebutten abzunagen, ohne die behaarten Kerne in den Mund zu bekommen. Als Übungshagebutten bieten sich einmal mehr die Rugosas an. Probieren Sie es ruhig; ein wenig Vitamin C zwischendurch ist nicht zu verachten, und Hagebutten verlieren diesen wertvollen Inhaltsstoff bei der Verarbeitung oder Lagerung schnell. Wenn Sie nirgendwo spritzen, können Sie das auch größeren Kindern beibringen.) - Natürlich sollte gerade das leuchtende Goldorange von „Westerland" entsprechend in Szene gesetzt werden. Reines Himmelblau wie von der einjährigen "**Nigella**" bzw. "Jungfer im Grünen" oder der Wildstaude "**Wegwarte**" eignet sich hierfür perfekt ... Die Farbtöne der höher wachsenden Stauden **Blaue Edeldistel** (Eryngium planum „Blaukappe") und der **Katzenminze** (Nepeta faassenii) bringen "Westerland"'s Sonnenfarbe ebenfalls zum Leuchten. Blauviolett steht ihr genausogut; *rot*violette Blüten sollten sich allerdings lieber zu rosa oder weiß blühenden Rosensträuchern gesellen.

Maigold

Ich rede nicht mit Pflanzen, und ich gebe ihnen keine Namen. Für „Maigold" aber macht man in vielerlei Hinsicht gern eine Ausnahme. Meinem Exemplar gab ich aus liebevollem Besitzerstolz heraus den Namen „Selbstmord", und wann immer ich an ihm vorbei muss, höre ich mich leise, böse Drohungen zischen.

Wirklich; erst kürzlich fiel mir das auf. - Ich schätze es nicht besonders, wenn meine Rosen Spuren an mir hinterlassen, und sie wissen das, aber Selbstmord - Pardon, „Maigold" - schafft es immer wieder. - Ich hatte vor geraumer Zeit eine nette, kleine *Pimpernellenrose* bestellt (ich wusste noch gar nicht, was das ist). Daraufhin bekam ich - DAS: Ein in der Tat zartes Röslein, das sich zwei Jahre lang weigerte, zu wachsen oder gar zu blühen. Ich musste es in seiner Jugend einmal zur Unzeit und in aller Eile umpflanzen und glaubte sicher, es ginge ein. Dann drehte ich mich sozusagen einmal kurz um, und als ich wieder hinguckte, sah ich mächtige, rötliche Triebe in die Höhe streben - großzügig bestachelte ÄSTE, die mich schnell überragten.

Ich gebe zu, es ist für viele Pflanzen nicht allzu schwierig, mich zu überragen. Bei meiner „Maigold" jedoch konnte man gewissermaßen dabei zusehen. - Natürlich fügte sich ein solches Monstrum in meinen Garten etwa so gekonnt ein wie ein Hubschrauber auf einem Hügelbeet.

„Maigold" ist nicht nur riesig (bis 3 m), sondern auch besät mit verschiedenen geglückten Versuchen, möglichst gemeine, gebogene Stacheln unterschiedlicher Länge zu entwickeln. Damit man sie auch schön sieht, sind sie rot. Ja, was die Wehrhaftigkeit angeht, lässt die Frühlings- und Herbstblüherin sehr viele andere Rosen blass aussehen. Sie ist dadurch auch ein wundervoll deutliches „NEIN" für jeden Einbrecher.

Sollten Sie meine Worte bisher nicht abgeschreckt haben, *noch* eine Warnung: Wenn Ihnen „Maigold" in natura begegnet, werden Sie sehr schnell süchtig. Schon die Farbe des sehr winterharten Kletterers ist bestechend schön… bernsteinfarbene Staubgefäße in gold - orange - gelber Blüte! Ansonsten wird die von uns gewünschte relativ stabile Blattgesundheit geboten (bis auf etwas Sternrußtau später im Jahr, wenn der Sommer sehr verregnet ist), die gute Winterhärte, eine ansehnliche Nachblüte im Herbst (!) und ein bei Rosen ungewöhnlicher, aber intensiver Duft, der als Geschmack gut in frühe Rosenspeisen passt.

Bilden Sie sich Ihr Urteil am besten selbst, kaufen Sie sich gute Handschuhe und zwei oder drei Lederjacken und passen Sie auf, wo Sie dieses Ungeheuer hinpflanzen.

Gloire de Jardins

Hier ist sie: Die „Alte Rose" schlechthin. „Gloire de Jardins" bringt die von Historischen Rosen erwartete, zeitlos verwunschene Stimmung in den Garten.

Sie blüht meistens schon ab Ende Mai - gut für alle, die es nicht abwarten können. Die Form der changierenden, recht regenfesten Blüten ist altmodisch - üppig, so dass der Strauch im Juni schon von weitem violettblau aussieht.

Der hervorragende Duft ist durchaus charakteristisch für eine Gallicarose. Bei all dem ist sie auch die ideale *Küchenrose*, denn jede Einzelblüte ergibt gleich eine ganze Hand voll stark duftender Blütenblätter, die Rosenspeisen das typische Gallica - Aroma verleihen. - Frühlings - Rosengelee! Das ist es, woran ich denke, wenn ich meine „Gloire de Jardins" ansehe.

Er wird zart hellrosa - auch, wenn man gelb oder weiß blühende frühe Duftrosen (- z.B. „Frühlingsduft" oder „Maigold" -) mit dazu nimmt. (Wer johannisbeerrote Rosenspeisen bevorzugt, wählt als Partner im Topf die ersten Blüten von „Rose de Resht"… andererseits wäre es langweilig, wenn jeder Rosengelee und jede Rosenbowle dieselbe Farbe hätten.) Dem eingewachsenen Strauch sieht man auch mehrere Ernten nicht an, und bereits am Jungstrauch kann „genascht" werden. Ihr Geschmack dominiert nicht, sodass sie gut mit anderen Rosenblüten gemischt werden kann.

„Gloire de Jardins" - riecht gut, schmeckt gut, sieht gut aus.

Der 1,30m hohe Strauch sollte etwas abgestützt werden. Er macht sich sogar am Rosenbogen sehr gut... Diese schönen Garten-accessoires sollten ohnehin nicht gänzlich verdeckt und schon gar nicht von tobenden Ramblern überfordert werden, um es noch einmal deutlich zu sagen.

„Gloire de Jardins" kann bedenkenlos beerntet werden, da sie geringe Anflüge von Pilzkrankheiten ohne Spritzung schnell überwächst. Als Gallicarose ist sie sehr winterhart, und auch sonst hat sie alles, was man von einer solchen erwartet: Eine in der heutigen Zeit wirklich außergewöhnliche Farbe, die durch unterschiedliches Changieren jede Blüte zum „Einzelstück" macht - auf der Abbildung Seite 45 sehen Sie z.B. zwei völlig verschiedene Farbtöne - und starker, gesunder Wuchs mit einer Endgröße, die sie nicht jeden Gartenrahmen sprengen lässt.

Die Sorte entstand bereits vor 1815. Als Begleiter bieten sich vor allem die klassischen, zweijährigen Bauerngartenblumen an: **Bartnelke, Fingerhut** und **Glockenblume**. Es lohnt sich, nach Rosenschulen zu suchen, die diese historische Spitzensorte anbieten.

Rose de Resht

Die sehr winterharte Schöne wäre ein Multitalent, wenn ihre Blüten in der Schale etwas länger halten würden. Und wenn sie nicht manchmal im Spätsommer Sternrußtau bekäme.

Und wenn sie dann noch goldene Hagebutten hätte ... Genug davon, diese angeblich tausendjährige persische Rose, die - ebenso angeblich - 1950 wiederentdeckt wurde, ist eine der perfektesten Gartenrosen, die es gibt.

Der Duft ist überwältigend. Sie riecht so, wie man es sich nur je bei irgendeiner Rose gewünscht haben mag. Wem Bibernellrosen zu fruchtig oder Damaszener zu süß, Rugosas zu zimtig und Gallicas zu herb riechen - der Duft der "Rose de Resht" begeistert alle.

Ein kleiner "Rose de Resht"- Busch in der Mittagssonne (sie wächst schön aufrecht, und wird nicht besonders groß), an einem warmen Tag - das ist ein Dufterlebnis, auf das man im Winter gerne wartet. Ihr Duft ist sogar etwas weniger witterungsabhängig als der anderer Rosen, was in verregneten Sommern tröstlich ist.

Auch läßt er sich in Form von Geschmack gut erhalten; wie "Gloire de Jardins" ist sie *die* Speiserose schlechthin. Zudem ist sie eine der ganz wenigen "Alten", die fleißig remontieren, und deren Herbstflor recht beachtlich ist. Die welken Blüten des ersten Flors sollten aus diesem Grund entfernt werden, um dem Strauch nicht die Kraft für die Nachblüte zu nehmen. (Wahrscheinlich ergibt sich das von selbst, durch die Blütenernte.)

Der aufrechte, kompakte Wuchs von "Rose de Resht" und ihre Robustheit lassen auch (niedrige) Heckenpflanzungen zu.

Lange stritten sich die Geister, ob sie die uralte Damaszenerin ist, als die sie lange angepriesen wurde, oder eine irgendwie in den Orient gelangte und erst dann dort "gefundene" Portland - Rose. In letzterem Falle wäre sie *sehr* viel jünger, als gern behauptet wird.

Wie dem auch sei, diese Rose ist so wunderbar, dass sie keine großen Geschichten nötig hat. Wen kümmert es, bei all ihren Vorzügen, dass sie - was die Historie angeht - eine charmante kleine *Aufschneiderin* ist!

"Frühlingsduft"

Frühlingsduft

Diese Rose ist eine jener Strauchrosen mit Wildcharakter, die dennoch kaum noch an die Stammform erinnern: "Frühlingsduft" ist eine ganz eigenständige Rosenpersönlichkeit.

Die Knospen des sehr frostfesten Gehölzes sind edel geformt, öffnen sich jedoch überraschend zu halb gefüllten, rosa Blüten mit bernsteinfarbenen Staubgefäßen.

Die Blütenfarbe nicht irgend*ein* Rosa - es liegt ein deutlicher Goldschimmer darin; sie changiert zwischen Rosé und Gelb. Der Honig - Moschus Duft paßt dazu sehr gut.

Wer sie einmal gerochen hat, möchte sie meistens gleich selber besitzen, denn ihr Duft ist einzigartig - allenfalls vergleichbar mit der Deutschen Nostalgierose "**Sebastian Kneipp**", wenn mich meine Nase nicht trügt. - Einzelne Blüten, die bis in den Herbst erscheinen, sorgen dafür, dass man diesen Duft übers Jahr nicht vergißt.

Ihr euphorischer Name läßt kaum vermuten, dass sie sehr robust ist, und ziemlich groß wird. Statt ätherischer Zartheit zeigt der Strauch die ganze ungezügelte Schönheit einer Edlen Wilden, und verrät viel vom Ursprungscharakter der Rosen. "Frühlingsduft" gehört zu einer Reihe von "Frühlingsrosen", die von der Rosenschule Kordes in der Mitte des Zwanzigsten Jahrhunderts gezüchtet wurden.

Sie sollte viel öfter gepflanzt werden ... Mag "Frühlingsgold" auch leuchtender sein, "Frühlingsmorgen" eventuell bekannter - diese hier besitzt fast alle Vorzüge, die man von einer Modernen Strauchrose erwartet. "Frühlingsduft" hat zudem keine großen Bodenansprüche und ist wirklich *sehr* winterhart. Darin zeigt sich auch ihre optisch wenig erkennbare Verwandtschaft mit den Bibernellrosen (Foto auch auf dem Buchcover).

Sie könnte deswegen durchaus mit Wildstauden wie **Graslilien** (Anthericum ramosum), **Schafsgarbe** (Achillea millefolium), **Fingerhut** (Digitalis purpurea), **Glockenblumen** (Campanula in Sorten) und anderen vergesellschaftet werden, die nicht gerade Freunde fetter Böden sind. Versuchen Sie aber bitte nicht, diese Wildblüher irgendwo am Wegesrand auszugraben. Abgesehen davon, dass dergleichen zu Recht verboten ist: Die sonst so widerstandsfähige Pflanzen reagieren oft heikel auf Standortwechsel und verschwinden schneller, als Sie „Frühlingsduft" sagen können.

Hansa, Agnes und Roseraie de l´Hay

Nahezu witterungsunabhängig sind eigentlich nur die Düfte von "Hansa" und einigen ihrer Rugosa - Verwandten.

Sie liefern massenweise Zutaten für appetittanregend kräftig schmeckende Rosenspeisen - dicke, duftende Blüten, und oft auch die nach süßen Tomaten schmeckenden Hagebutten.

"Hansa", die große Schwester von "Rosa rugosa rubra plena" (der gefüllten, magentaroten Japanischen Wildrose), gibt es seit 1905. Das dunkle Laub der Holländerin bildet einen malerischen Hintergrund für die purpurroten Blüten, die sehr intensiv duften - ganz typisch nach Nelke, Mandel und Zimt.

Sie erscheinen immer wieder in Schüben und sehen dekorativ zerzaust aus, oft aber auch wie ebenmäßige, halbgefüllte Päonien. "Hansa" läßt sich jederzeit für einen kleinen Sommer - Drink oder dergleichen beernten - sehr praktisch! Für große Ernten wartet man auf einen "Schub".

Die sehr ähnliche "Roseraie de l´Hay" (1901) hat den schmissigeren Namen, aber "Hansa" setzt mehr Hagebutten an.

Für "Agnes" wurden, wie gesagt, Rosa rugosa und Fuchsrose gekreuzt. - Es entstand immerhin die erwartete robuste, *gelbe* Strauchrose, die aber nur sehr sporadisch nachblüht.

"Agnes" schätzt Schnittmaßnahmen wie erwähnt *nicht*, und manche nennen ihren Wuchs unordentlich und wild. Selbst wenn es so ist - am hierfür geeigneten Platz ist das sicher kein Nachteil. -

Wenn Sie sich für eine dieser Sorten entscheiden, werden Sie nichts als Freude daran haben (es sei denn, sie stürzen sich leicht bekleidet mitten hinein) - echte Rugosas sind - es sei hier noch einmal betont - die absolut "wartungsfreien" unter den Duftrosen.

Karl Foerster, der große Staudenzüchter, hat einmal gesagt: "Ein Sommer ohne Phlox ist ein Irrtum" (was zweifellos stimmt).

Ich möchte sagen: Ein Duft(rosen)garten ohne eine Rugosarose ist eine Fehlplanung! - So, Sie haben gar keinen Duftrosengarten, sondern einen *Balkon*? Nun, da gibt es die oft wurzelecht angebotenen (!) *Kleinen*: "Schneekoppe", "Pierette" (rosa), "Smart Roadrunner" (purpur), "Pink Roadrunner", "Topaz Juwel" (gelb), "Foxi" bzw. "Buffalo Gal" (fliederrosa) und viele andere. Sie sind sehr winterhart, wie (fast) alle Rugosas - und können in einem ausreichend tiefen Kübel gehalten werden.[6]

Schwebfliegen interessieren sich sehr für solche Blütenfarben, "Hansa" läßt sie aber erst mal ein bißchen nach dem Pollen suchen.

Red Nelly

Stellen Sie sich eine Wildrose vor, die ein Designer entworfen hat, dem der Sinn für Romantik nicht verloren gegangen ist. Ja, welche Farbe nehmen wir für die Blüten? Trauen Sie sich, sagen Sie schon. Dunkles, samtiges Rot?

Wie, - unmöglich, bei einer Wildrose? Sie wissen schon … ein Rot, das fast in den Augen weh tut - eine Farbe, die man sonst nur von der edelsten Teehybride her kennt; - haben Sie das? Gut. Und nun stellen Sie sich farnartiges, ganz feines Laub dazu vor.

Jetzt noch ein unwiderstehlicher Limonenduft, und leuchtend gelbe Staubgefäße - unglaublich? Keineswegs. Es gibt sie, und sie hat auch einen Namen. - „Red Nelly"!

Wer dabei an eine beleibte Countrysängerin denkt, ist vielleicht auf den robusten Charakter dieses früh blühenden Bibernellröschens vorbereitet, aber nicht auf seinen besonderen Charme.

Das Magentarot der einfachen, 5cm großen Blüten ist tatsächlich eine starke, aber nicht grelle Farbe, die man bei einer Rose mit so viel Wildcharakter nicht erwartet.

Der Wuchs ist locker und verspielt, die Triebe weich und bewehrt. Die jungen wachsen kräftig aus der Mitte des Strauches in die Höhe, während sich die mit Hagebutten besetzten älteren Zweige in eleganten Bögen herabneigen. Sie blühen im nächsten Jahr noch

6 Kübelrosen erhalten alle paar Jahre einen Wurzelschnitt - ähnlich wie *Bonsai*, was schließlich nichts anderes als "*Baum im Topf*" heißt: Ungefähr 1/3 der Wurzelmasse wird abgeschnitten oder -gesägt. Die Gefäße müssen frosthart, von innen mit Noppenfolie isoliert und ausreichend tief sein (mindestens 50 cm). Am Boden sollte sich eine Schicht Bähton befinden (Blähton - Kügelchen sind vor allem im Hydrokultur - Fachhandel erhältlich). Als Dünger setzt man - sparsam! - Düngekegel oder Flüssigdünger ein (es gibt auch *Organischen* Dünger in Kegelform, bei dem man keine Angst haben muß, die im Volumen beschränkte Kübelerde zu "versalzen"). Denken Sie auch hier an die Vorliebe der Rugosas für etwas niedrigere PH - Werte!

vor den jüngeren, was Nellys „Fontänen - Charakter" betont.

Eine Stütze braucht sie - typisch Bibernellrose - mit dieser von Natur aus schönen Wuchsform nicht. Allenfalls könnte sie aus einer versteckten, hohen Staudenstütze „hervorsprudeln" (… denn nach einigen Jahren zeigt sich die zuvor vermutete Beleibtheit dann doch).

„Red Nelly" ist eine der ganz wenigen Rosen, die ganzjährig gut aussehen: Sobald die letzten Blütenblätter abfallen, zeigen sich die ersten kugeligen, lackschwarzen Hagebutten, die die Zweige allmählich in üppige *Beerenrispen* verwandeln. (Der Geschmack lässt allerdings sehr zu wünschen übrig; tun Sie sich einen Gefallen, und probieren Sie erst gar nicht. Pfui!) Das fast völlig gesunde Laub färbt sich zudem leuchtend rotbunt.

So besitzt der kleine, winterharte Strauch (1m x 90cm) zum zweiten Mal im Jahr eine sehr gute Fernwirkung.

Gern steht sie bei ihren Schwestern: Die heute viel zu selten gepflanzten Bibernellrosen wirken, wie gesagt, als kleine Strauch-rosengruppen besonders schön. Die gelb blühende „Dunwich Rose" etwa (kein Duft, jedoch robust) bildet von ganz allein einen kugeligen Busch, und die weiße Rosa pim. repens könnte die Dreiergruppe kriechend von unten ergänzen.

Zusammen mit Wildstauden entsteht schnell ein wertvolles Biotop. - Dickichte zum drin Wohnen, offene Blüten mit leicht erreichbarem Pollen, und Kinderstuben für Schmetterlingsraupen … da bleiben bei unseren Blattlausfressern und Obstbaumbestäubern kaum Wünsche offen. Die nicht stechenden, seltenen Wildbienen könnten Sie übrigens auch noch mit einer Unterpflanzung aus kriechendem **Günsel** (Ajuga repens) erfreuen, den es auch im roten Laubkleid gibt. Er blüht leider nur kurz, aber wunderschön blau - eine sich ausbreitende kleine Wildstaude, die weniger schönen Wildstauden, die Sie da gerade *nicht* haben wollen, zügig zuvorkommt. - Natürlich passen auch *Astern* gut zu „Red Nelly".

Die fliederblaue Alpenaster A. alpinus blüht gleichzeitig, und späte Astern, z.B. A. dumosus „Gulliver" (40cm) und „Silberblaukissen" (25 cm), oder A. ericoides „Blue Star" (80cm), bringen „Red Nellys" rotbuntes Herbstkleid toll zur Geltung!

Übrigens: Erstaunlicherweise eignet sich diese einfach blühende Rose ausgesprochen gut für Rosenspeisen; sie brauchen die Petalen nur von den werdenden Hagebutten abzustreifen.

Weitere robuste Strauchrosen mit Duft

Bei den Strauchrosen ist es nicht schwer, gesunde Duftrosen zu finden. Eine meiner Lieblinge ist, trotz ihrer Farbe (die ich nun einmal nicht mag), **„Rose du Maitre d´Ecole"** (1,2 m, pink).

Ihre großen Blüten weisen eine besonders ausgeprägte „Viertelung" auf. Mein Exemplar wurde aus Platzgründen halb unter die Himmelsauge gestopft; es kommt mit dem nicht optimalen Standort, bis auf einen Rosenrost - Anfall, seit Jahren gut zurecht. Für Rosentee ist diese Sorte dank ihres starken Duftes besonders geeignet. Nehmen Sie die im Abblühen begriffenen Petalen, frische Blüten dieser Rose sind für Rosenspeisen einfach zu schade. Ähnliches gilt für **„Jenny Duval"** aus dem 19. Jahrhundert, deren ungewöhnlich geformte, große Blüten ebenfalls rosa, innen jedoch etwas dunkler sind. - Beide Gallicas brauchen etwas mehr Licht als ihre Verwandtschaft.

Mein Damaszener - Favorit ist **„Leda"** (1m, weiße Blüte mit rotem Rand, besonders schön ist die Kontrastwirkung zum dunkelgrünen Laub), aber auch **„Pink Leda"** (1m, 1910, hellrosa mit rotem Rand, fast noch schöner als „Leda").

Besonders gute Erfahrungen habe ich mit **„Quatre Saisons Blanc Mousseaux"** gemacht, die durch ihr raues, graugrünes, löffelförmig eingerolltes Laub zudem ausgesprochen *urtümlich* wirkt. Ihre weißen Blüten erinnern an Papierblumen. Sie sind sehr regenempfindlich, aber die Robustheit des Laubes und die Legende, dass diese Rose bereits von den Römern angebaut wurde, machen „Quatre Saisons Blanc Mousseaux" zu einer ausgesprochen interessanten Gartendiva.

Moderne **Strauchrosen** erfüllen den Garten mit Rosenduft, wenn die Alten Rosen Kräfte für den nächsten Juni sammeln…

In der modernen Rosenzucht stehen die Zuchtziele Gesundheit und Duft ziemlich weit oben, denn immer mehr Gärtner legen Wert auf gerade diese beiden Schwerpunkte. Wie schön, wenn einmal etwas Sinnvolles „In" ist; da geht man doch gern mit der Zeit. - Von geradezu sensationeller Schönheit ist z.B. die gelbe **„Tibet - Rose"** vom Rosenhof Schultheis - es ist kaum zu glauben, dass gerade heute wieder solche außerordentlichen Gartenschätze entstehen.

Weiß:
Mme Plantier, 2,5m; **Maxima**, einmal blühend, 2m; **Suavelons**, einmal blühend, einfache Blüte, 2m; **Quatre Saisons Blanc Mousseux**, einmal blühend, Blüten eher schlicht (oft wie aus Papiertaschentüchern gebastelt), 1,5m, überhängender Wuchs; **Leda**, starker Damaszenerduft, einmal blühend, roter Rand, 1m; **Sophie Scholl**, mehrfach blühend, Blüten dichtgefüllt in Edelrosenform, 1,50m; **Versicolor(=Rosa Mundi)**, äußerst winterhart, herber Duft Alter Rosen, einmal blühend, rosa - weiß gestreift, halb gefüllt, 1,5m

Hellrosa:
Celeste, einmal blühend, 2m, **Königin von Dänemark**, einmal blühend, 1,5m, beide sehr frostfest; **Félicité Parmentier**, einmal blühend, 1,5m; **Maiden´s Blush**, sortentypischer Duft, einmal blühend, 1,5m (**Great Maiden´s Blush** 2m); **Heinrich Schultheis**, remontierend, 1,2m; **Petite d´Hollande**, einmal blühend, 1m; **Lochinvar** und **Stanwell Perpetual**, beides öfterblühende Bibernellrosen, 1,5m, letztere besonders frosthart; **Cinderella**, nostalgisch gefüllt, mehrfach blühend, 1,5m; **Delicata, Agra, Ritausma** und **Liga**, alle vier sehr winterharte Rugosarosen, 1,20m Pastellfarben: **Queen of the Musks**, Winterschutz, öfter blühend, 1,5m; **Frühlingsduft**, Hauptblüte im Spätfrühling, halb gefüllt, 2m; **Penelope**, Winterschutz, öfter blühend, 1,5m; **Fritz Nobis**, Weinrose, einmal blühend, 2m

Rosa:
Rosa californica plena, einmal blühend, gefüllt, 2m; **Rosa rugotida**, einmal blühend, einfache Blüte, 1m; **Pink Leda**, starker Damaszenerduft, einmal blühend, roter Rand, 1m; **Ispahan** und **Trigintipetala**, einmal blühend, zerzaust gefüllt, 2m; **Coralie**, einmal blühend, dicht gefüllt, 1,5m; **Jaques Cartier**, einmal blühend, sehr gefüllt, 1,5m; **Louis van Till, einmal blühend, 1,2m; Présidént de Sèze**, einmal blühend, 1,5m; **Jenny Duval**, einmal blühend, prall gefüllt, 1,2m; **Centenaire de Lourdes**, halbgefüllt, 1,7m; **Du Maitre d´École**, intensiver Rosenduft, einmal blühend, dicht gefüllt und häufig geviertelt, 1,2m; **Muscosa**, Moosrose, einmal blühend, 2m; **Marie de Blois**, Moosrose, einmal blühend, kugelig gefüllt, 1,5m; **Zaiga, Guna** und **Belle Poitevine**, Rugosarosen, 1,20 - 1,80m; **Dr. Eckener**, Rugosahybride, lachsgelb - rosa, 2,5m; **Reine de Centfeuilles**, einmal blühend, 1,5m; **Comte de Chambord**, intensiver Duft, öfter blühend, 1,2m; **Mme Boll**, öfter blühend, sehr winterhart, 1,2m; **Adam Messerich**, Winterschutz, ofter bluhend, 1,8 m und stark in die Breite gehend; **American Beauty**, dunkel, 1,8m; **Amy Robsart** u. **Meg Merrilies**, halbgefüllte Apfelrosen, 2, 50m; **Juliet**, remontiert, 1m; **Romanze**, öfter blühend, großblütig gefüllt, 1,5m; **Versicolor**, rosaweiß gestreift, halb gefüllt

Helles Rotviolett:
Gloire de Jardins, einmal blühend, gefüllt, 1, 30m; **William Lobb**, wunderbarer Duft Alter Rosen, als Schnittrose besonders geeignet (mit kurzem Stiel), einmal blühend, gefüllt, 2 - 3m überhängend; **Queen of Bourbons**, Winterschutz, einmal blühend, Purpurrosa, 2,50m, **Dagmar Hastrup**, hell, einfachbl.

Gelb:
Postillion, öfter blühend, 1, 40; **Lichtkönigin Lucia**, Edelrosenduft, öfter blühend, 1, 50; **Agnes**, Rugosarose, remontierend, zerzaust gefüllt, 1,50m; **Golden Wings**, einfach, nur leichter Duft; **Rugelda**, Rugosarose, 2m; **Tibet - Rose**, Leichter Duft, öfter blühend, Blüten in Strauchpfingstrosenform, rote Staubgefäße, 1,50m

Purpur bis Violett: Reine des Violettes, einmal blühend, gefüllt, 1,20

m; **Indigo**, keine Informationen über Höhe etc. vorhanden; **Charles de Milles**, zuweilen als *nicht duftend* beschrieben, purpur, einmal blühend, dicht gefüllt, 1, 50m; **Captain John Ingram**, angenehm herber Duft Alter Rosen, dunkel violett, einmal blühend, kleinblütig, gefüllt, 1, 20m; **Celina**, violett, einmal blühend, einfach bis halb gefüllt, 1, 20m; **Commandant Beaurepaire**, Purpur, Winterschutz, einmal blühend, gestreifte Blüte, 1,50m; **William III**, Braunrot, Rarität, früh blühend, 1m

Rot: **James Mason**, einmal blühend, halbgefüllt, 1,50 m; **Red Nelly**, Limonenduft,

früh blühend, einfach, 1m; **Carmen**, großblütig, einfach, Rugosarose; **Rose de Resht**, Magenta - Rot, öfter blühend, kleinblütig, dicht gefüllt, 1, 10m; **Prince Charles**, Magentarot, einmal blühend, 1,50m; **Hansa**, Nelken - Zimtduft mit Mandel, Magentarot, öfter (in Schüben) blühend, roten Pfingstrosen ähnelnd großblütig, dicht gefüllt, 1,20 - 1,50m; **Sancta Lioba** und **Roseraie de l'Hay**, ähnlich Hansa; Sancta Lioba blüht etwas heller, und Roseraie de l'Hay hat weniger Hagebutten

Orange: **Westerland**, sortentypischer Duft, halb gefüllt, 1, 50

Für lichten Halbschatten geeignete Sorten sind unterstrichen. - Noch mehr robuste Duftrosen, die als Sträucher gepflanzt werden können, finden Sie unter den *Modernen Nostalgierosen* - z.B. die Englische Kronjubiläumsrose „**Jubilee Celebration**" aus dem Jahr 2002 (fruchtiger Rosenduft; dicke, dunkle, lachsrosa Blüten mit etwas Gold, 1,2 m x 1,2 m).

Weitere robuste, duftende Rambler- und Kletterrosen mit Duft

Bei den Ramblern sind es vor allem die weiß blühenden, den Wildformen noch sehr ähnlichen, die stark duften *und* sehr gesund sind. Sie überfordern die meisten Kletterhilfen, benötigen ganze Häuserfassaden oder hohe, alte Bäume. „**Paul's Himalayan Musk Rambler**" etwa ist mit 10m Endhöhe bzw. -breite durchaus geeignet, so manchen kleinen Garten ganz einfach zu *bedecken* (falls dergleichen gewünscht wird, was ich nicht annehme).

Auf großen Grundstücken sind sie allerdings eine unvergleichliche, lichten Halbschatten und harten Frost duldende Pracht für die Höhendimension.

Etwas zahmer kommt „**New Dawn**" daher. Dr. W. Van Fleets Dankbarkeit über seinen Erfolg, eine öfter blühende Ramblerrose dieser Qualität kreiert zu haben, spiegelt sich in ihrem Namen. Müsste man ihn übersetzen, könnte man sie nur „Morgenlicht" nennen, um der Rose gerecht zu werden, denn „Neue Dämmerung" klingt im Deutschen so steif. Sie verträgt als Standort sogar Nordseiten, und wird etwa 3m hoch.

„New Dawn" benötigt regelmäßigen Schnitt

Wem Rambler zu wild sind oder wer *dauerhaft* Farbe in die höheren Refugien seines Gartens bringen will, wendet sich eher den Kletterrosen zu. - Es gibt heute viele ziemlich Robuste, die zudem stark duften, allerdings muss in den meisten Fällen ein wenig Winterschutz sein.

Wenn es unbedingt Blutrot sein muß, ist Michel Adam´s brandneue „**Red Flame**" eine gute Wahl. Natürlich braucht sie Winterschutz. - Peter Harkness´ „**Times Past**" entstand 2001; wie bei vielen jungen Sorten des Einundzwanzigsten Jahrhunderts, deren Blüten an alte Bauerngärten denken lassen, erinnert ihr Name an die Besinnung auf die Vergangenheit. Sie ist dunkel rosa, wird etwa 3,50 hoch und gilt als sehr gesund.

Auch die neuen Kordes - Rosen „**Laguna**" (dunkelrosa), „**Moonlight**" (leuchtend gelb), „**Golden Gate**" (halb gefüllt und sonnengelb) und „**Jasmina**", deren ballförmige, rosafarbene Blüten prall gefüllt sind, werden vom Züchter als wenig anfällig und gut duftend beschrieben. - „**Aloha**" (apricot) gibt es gleich in doppelter Ausführung: Die brandneue lachsfarbene Kletterrose wurde gezielt auf Gesundheit gezüchtet; die rosarote „Aloha" von 1949 gilt als recht pflegeleicht, ich habe sie aber auch schon unter sehr starkem Sternrusstaubefall gesehen.

Bei diesen deutschen Kletterern liegt die Endhöhe bei 2, 50m.

Auch das vergangene Jahrhundert erbrachte relativ gesunde „Fassadenkletterer" mit Duft. Bevor Peter Harkness „**Times Past**" auf den Markt brachte, war ihm 1998 bereits die champagnerfarbene „**Penny Lane**" gelungen, die als robust und stark duftend gilt. „**Leaping Salmon**" entstand 1986; sie zeigt edelrosengleiche Blüten in der heute überaus begehrten Lachsfarbe. Fruchtig riecht die dunkelrosa „**Lavinia**". Gerade vor einem hellen Hintergrund kommt sie gut zur Geltung. Auch mit „**New Dawn**" hat man fleißig weiter gezüchtet, sodass uns heute auch die altrosa „**Coral Dawn**" zur Verfügung steht (um nur eine zu nennen), die noch robuster sein soll als ihre Ahnin. - Die etwa 3m hohe „**Morning Jewel**" duftet zwar nur leicht, ist jedoch eine der wenigen *Kletter*rosen, die auch im Halbschatten gedeihen.

Weiß: **Paul's Himalayan Musk Rambler** (besonders frosthart), <u>Seagull</u>, **Bobbie James**, **Lykkefund** und **Rosa helenae** - Rambler, einmal blühend, äußerst starkwüchsig; **Rosa multiflora**, einmal blühend, Rambler, einfach blühend, 4 bis 5m; <u>New Dawn</u>, Rambler, rosa Anflug, edelrosenartig gefüllt, 3m

Rosa: **Debutante**, einmal blühend, Rambler; **Taunusblümchen**, einmal blühend, Rambler, violettrosa; **Coral Dawn**, Kletterrose, gefüllt, 2-3m; <u>**Morning Jewel**</u>, Kletterrose; **Lavinia**, Kletterrose; **Laguna**, Kletterrose, ganz dunkles Pink, nostalgisch gefüllt, 2,50m; **Jasmina**, Kletterrose, ballförmig nostalgisch gefüllt; **Times Past**, Kletterrose, 3, 50m, <u>Himmelsauge</u>

Rot: **Thor**, einmal blühend, Rambler, dunkelrot, nahezu nostalgische Form; **Sympathie**, Kletterrose, gefüllt; **Red Flame**, kletternde Edelrose, bis 5m; <u>Salammbo</u>

Gelb: <u>Maigold</u>, dunkelgelb mit rötlichem Anflug, stark bewehrt, früh blühend, oft beachtliche Herbst - Nachblüte, halbgefüllt, bis 3m; **Easly's Golden Rambler**, einmalblühend; **Golden Future**, Kletterrose, remontierend (=nachblühend); **Goldfassade**, Kletterrose; **Moonlight**, Kletterrose, rosa Rand, halbgefüllt, 2,50m

Lachs, Apricot: **Albertine**, einmal blühend, Rambler; **Auguste Gervais** und **Leontine Gervais**, Rambler, Leontine durch Entfernen von Verblühtem öfterblühend; **Aloha** (2005, dunkel), Kletterrose, dicht gefüllt, 2,50m; **Leaping Salmon**, Kletterrose; **Penny Lane** (hell), Kletterrose, 3,50m; **Compassion**

Fliederfarben: **Veilchenblau**, weiße Mitte, manchmal Streifen, halbgefüllt und kleinblütig, "launischer", ungewöhnlicher Duft, einmal sehr reich blühend, nicht immer gesund, gut über Stecklinge vermehrbar, 3-4m

Weitere als robust geltende, duftende Kletterrosen finden Sie unter den modernen Nostalgierosen, denn einige Englische Rosen (z.B. "**Mortimer Sackler**" (zartrosa)) gibt es auch als kletternde Spielarten.

Gesunde Sorten aller Klassen: Die Beetrosen

Beetrosen blühen reichlich und meistens in Büscheln, woran der Begriff „Floribunda" erinnert. Das nimmt den kleinen Gehölzen das Charisma langstieliger Teehybriden, macht sie jedoch zum kompakten Dauerfarbklecks.

Leider kam in den Siebziger Jahren die Unsitte auf, Rosenbeete aussehen zu lassen wie feldmäßigen Anbau nahezu kahler Strünke, was Floribundarosen etwas unbeliebt machte.

Heutige Beetrosen (oder sehr alte) zeigen einen etwas lockereren Wuchs; sie sehen dadurch natürlicher aus. Das heißt jedoch nicht, dass wir auf die anderen Sorten verzichten sollen. Man muss sie nur geschickt einsetzen, und auch mit anderen Gartenpflanzen kombinieren. Reine Rosenbeete sind ohnehin nur selten wirklich schön. Außerdem sehen sie nun einmal nicht nicht das ganze Jahr lang wirklich gut aus.

Gräser oder Herbstblüher sind gute Ergänzungen, wenn unsere bunten Gartenköniginnen in wenig dekorativer „Wartestellung" sind. Denken Sie nur an Rauhreifszenerien mit Ziergras und abgeblühten Stauden! Das ist besser als eine Gruppe zugeschneiter „Maulwurfshäufchen" ohne Beiwerk.

Sie sollten nur bedenken, dass diese Rosenstöcke alle zur Verfügung stehenden Nährstoffe für sich selber brauchen, und nach Regen und Taufall zügig abtrocknen müssen - darum sind großzügige Abstände zu wählen. Mächtige Stauden und sich stark ausbreitende Großgräser haben auf Beeten mit Rosen nichts verloren. - Eine Mulchabdeckung ist günstig, damit die Boden-struktur durch die weiten Abstände der Pflanzen zueinander nicht leidet.

Links: „Erinnerung an Brod" war der Urahn so mancher „blauer" Rose. Rechts: Polyantha - Rosen, flächig eingesetzt und ohne Begleitung. Krankheiten können sich so schneller ausbreiten, aber die Optik stimmt hier durchaus: Regenbogenlook statt Langeweile! Ein schönes Beispiel dafür, wie sich die Farbe Blutrot vor allem durch den Einsatz von Lachs - Tönen harmonisch in eine Pflanzung eingliedern lässt.

"Henri Matisse"   Die Englische Rose "Molineaux"

Wurzelunkräuter muss man besonders konsequent vernichten, noch bevor es ans   Pflanzen geht - Jäten zwischen Stacheln macht niemandem Spaß. - Gegen Winden hilft es übrigens, eine Saison lang Joghurtbecher - befestigt - darüber zu stülpen.

Es ist jedoch besser, wenn Sie sich dergleichen durch Sorgfalt bei der Vorbereitung ersparen, denn gerade Ackerwinden können sonst nahezu im Handumdrehen die Hauptrolle übernehmen - zum Beispiel während eines Sommerurlaubs.

Beetrosenstöcke sind allgemein empfindlicher als *Sträucher*; **vorbeugende Spritzungen alle 14 Tage mit biologischen Mitteln sind auch bei den widerstandsfähigen Sorten zu empfehlen!** Das gilt besonders für Gegenden, wo die Sommer verregnet und kühl sein können. Außerdem sind Beetrosen besonders lichthungrig. **Ein Rosenbeet im Halbschatten kann nicht gedeihen.** Es sollte also nicht im Gartenhintergrund untergebracht werden; schließlich verlangt es auch ständige Beobachtung.

Auch *mit* Begleitung sehen Beetrosen in Gruppen am besten aus. In großen Beeten wirken *Streifen* aus ein und derselben Beetrose oft dekorativer als große „Flecken"; das gilt auch für die Begleitstauden. Ein auf diese Weise gestaltetes Beet ist auch dann noch schön, wenn eine bestimmte Beetrosensorte krank wird oder eine Staudenart zu blühen aufhört.

Das Zusammenspiel der Farben und der Wuchsformen ist bei Beetrosen wohlmöglich noch wichtiger als bei den Strauchrosen, denn diese stehen häufiger als Solisten auf der Gartenbühne... Bestimmt werden Sie zuerst die Farben pflanzen, die sie schon immer mochten, dann aber auch über just entdeckte, gelungene Farbkombinationen neue Lieblingsfarben finden.

Das passiert schnell: Ich selber hatte schon immer eine Abneigung gegen Rosa, und Lachs und Apricot mochte ich schon gar nicht (was ich jetzt gar nicht mehr verstehe). Aber dann sah ich die rosa - gelbliche „Augusta Louise" (die als Nostalgierose eigentlich gar nicht in dieses Kapitel gehört) neben blauer „Jungfer im Grünen", und schon hatte ich eine neue Lieblingsrose.

Jenseits aller Geschmacksfragen sind einige Kombinationen fast zeitlos schön: **Rosa zu Lavendelblau**, **Violett zu Weiß** oder leuchtendes **Orange zu blau blühenden Begleitern**.

Experimentierfreudige werden bald auch Ungewöhnliches ausprobieren, wie etwa helles **Lachsrosa mit Cremeweiß zu Rot...** Die sehr beliebten leuchtend roten Rosen machen beim Kombinieren einmal mehr die meisten Schwierigkeiten. Denken Sie bitte auch hier daran, zu Blut- und Hellrot kein Violett ins Beet zu bringen! Scharlachrot kann durch graulaubige Stauden (Currykraut,

Eselsohr…) gleichzeitig abgemildert und optisch „veredelt" werden. Sehr interessant ist es, rote Beetrosen mit rotlaubigen Stauden zu kombinieren - wie z.B. mit dem 40 cm niedrigen Ziergras **Rutenhirse** (Spartina tectinata „Rotstrahlbusch"), dem dankbaren **Purpurglöckchen** (z.B. „Plum Pudding") und der **Elfenblume** (Epimedium; wird höher, als es zunächst den Anschein hat).

Diese Gesellschaft läßt sich auch noch mit orange blühenden einjährigen Sommerblumen wie **Kalifornischem Mohn** und **Ringelblume** ergänzen. Den Hintergrund darf der etwas wuchernde, zitronengelb blühende **Bewimperte Felberich „Firecracker"** bilden (Lysimachia; am Besten in einen vergrabenen Kübel ohne Boden „eingesperrt"; nicht direkt ins Rosenbeet). Probieren Sie es aus! -

Zur Nachbarfarbe überleiten kann im Beet auch eine gestreifte Rosen, wie etwa „Paul Cezanne" (gelb - rosa, hellgrünes Laub; gesund, aber frostempfindlich) oder die unter den Edelrosen aufgeführte **„Broceliande"** (rot - gelb, brandneu, robust). -

Zu recht in Mode sind gerade die schönen Apricot- und Lachsrosatöne. Sie sollten nicht durch harte Kontraste in ihrer Wirkung behindert werden. Zurückhaltende Farben in weichen, fließenden Formen, wie sie z.B. Lampenputzergras, Federgras (Stipa barbata und Stipa pennata) und Astilbe (Spiräe) mitbringen - und auch Doldenblütler, wie z.B. Fenchel - ergänzen alle Pastelltöne, ohne von ihnen abzulenken. -

Die Ernte macht vor dem Beet nicht Halt: Auch viele Beetrosen eignen sich als Schnittblumen, wenn man sie in Schalen schwimmen lässt. Manche haben sogar lange Stiele. Dicht gefüllte Blüten (z.B. „Mitsouko") müssen beim Schnitt aber bereits aufgeblüht sein.

---

*F*loribundarosen und ihre Vorgänger, die Polyantha - Rosen, sind Dauerblüher. Sie blühen meistens in Büscheln.
Zur Steigerung der Beetschönheit und zur Wahrung der Rosengesundheit sollte man Beetrosen mit einjährigen Sommerblumen, Gräsern und Stauden vergesellschaften, und mit einer Gruppe derselben Sorte eher „Bänder" als „Flecke" ins Beet pflanzen.
Die kleinen Stachelgehölze benötigen Aprilschnitt, ein Mindestmaß an Winterschutz. und besonders sorgfältige Pflege.
Befallenes Laub wird regelmäßig entfernt (Hausmüll).
Rosenbeete sollten gemulcht werden.

Beetrosen - Porträts:
Henri Matisse

Lustig knopfig gefüllt und stark nach Beeren duftend, so erblüht diese kräftige Beetrose vom Juni bis weit in den Herbst. Die Blüten des schnell etwa 75 cm Höhe erreichenden Rosenstockes sind elegant dunkelrot und weiß gestreift (Foto Seite 62).

Der Züchter, Monsieur Delbard, zählt ihn zu seinen zumeist duftenden „Malerrosen", unter denen es auch Edelrosen und Kletterer gibt. Die ersten entstanden in den Neunziger Jahren des Zwanzigsten Jahrhunderts, und benannt wurden die meisten dieser bunten Wunder nach französischen Malern.

„Henri" trägt den Namen eines Künstlers, der für seine kontrastreichen Arbeiten bekannt war. Er benötigt einen starken Aprilschnitt, und auch ein wenig Winterschutz; dann aber übersteht er die kalte Jahreszeit ohne Schäden. Bei guter Ernährung zeigt er eine reiche, dauerhafte Blüte. Viele Blüten werden recht groß, obwohl sie in Büscheln erschienen. Ab und zu sind sie etwas regenempfindlich - aber wirklich nur, wenn es „Henri" in einem total verregneten Sommer wirklich „reicht". - Sein ledriges Laub bleibt fast jedes Jahr völlig gesund. Wer sichergehen will, gönnt ihm eine Austriebsspritzung mit Pflanzenstärkungsmitteln.

Einige Blüten fallen leider dem Rosentriebbohrer zum Opfer, und außerdem ist „Henri" besonders stachelig - aber wer es vorsichtig angeht, kann so manche der gestreiften Einzelstücke ernten. Dabei ist es gleichgültig, ob sie (ungespritzt) in den Topf wandern, mit kurzen Stielen in Schalen dümpelnd beim Gartenfest dabei sind, oder - wenn man eine langstielige Blüten ohne Nebenknospen erwischt - als einzelne Schnittrosen in der Vase stehen.

Mit dem lustigen Streifenmuster und dem deutlichen Brombeerduft (!) eignen sich die Blüten sogar als Tischschmuck für Kindergeburtstage, und kombiniert mit rein weißen und ganz roten Rosenblüten sind sie elegant genug für jede Hochzeitstafel.

Das Schönste an dieser Rose ist vielleicht, dass wirklich keine Blüte der anderen gleicht. Viele tragen das Streifenmuster klar abgesetzt - die einen grob, die anderen fein - einige zeigen Spuren von Rosa, und ab und zu gibt es fast einfarbige, feuerrote Blüten. Durch Form und Substanz erinnern sie alle an Porzellanrosen - in einem modernen, ungewohnten Design.

Mitsouko

„Mitsouko" entstand in der späten Mitte des Zwanzigsten Jahrhunderts. Wer sie kennt, wundert sich, dass sie so selten gepflanzt wird! Katalogfotos werden ihr kaum gerecht (Seite 17).

Sie ist fantastisch gefüllt - manchmal sogar geviertelt, als wolle sie ihren Zeitgenossen, den Nostalgierosen, nacheifern. Dabei sind die Blüten nahezu gleich bleibend *groß*. Wie bei „Henri Matisse" hat man zuweilen das Glück, eine langstielige zu erhalten.

Ja, zum Thema Schnittrosen - Rosenblüten neben dem Advents-kranz? Mit „Mitsouko" kann das klappen. Wichtig: Die Blüten müssen sich zu jeder Jahreszeit erst richtig öffnen, bevor sie geschnitten werden, sonst bleiben sie im Knospenstadium.

Die Farbe der kräftigen Beetrose wird als „Gelb mit rosa Rand" beschrieben, variiert aber je nach Witterung aufs Interessanteste. In einem kühlen Juni beginnt sie mit zitronengelben Blüten, die erst allmählich die auffälligen rosa Akzente zeigen.

Im Juli nehmen die Petalen immer temperamentvollere Tönungen an: Im Hochsommer blüht die Rose dottergelb mit magentarotem Rand, manchmal sogar in einem rotgerandeten, gelblich schimmern-den Rosa - um dann in frostfreien Dezembern noch ein zartes Primelgelb in den Garten zu bringen. - Besonders in einem warmen Oktober sind die Farbspiele ihrer Blüten unübertroffen!

Auf den ersten Blick ähnelt „Mitsouko" ein wenig der bekannten „Gloria Dei" (=„Peace"), duftet jedoch meistens stärker, und ist viel dichter gefüllt. Sie war eine meiner ersten Rosen und half den Alten Rosen unseres Bergparks, mich vom Rosenhasser zum Rosen-enthusiasten umzupolen (der Effekt, den kahlen Holzstrunk zu pflanzen … Sie wissen schon). Sie wird von mir auch für Rosenrezepte eingesetzt und dient, je nach Anlass, abwechselnd als Beet- und Tischschmuck - letzteres vor allem in verregneten Sommern, wenn man vom Rosenbeet nicht allzu viel hat. Ihre weichen Blüten sind ein klein wenig regenempfindlich und müssen rechtzeitig hereingeholt werden.

Als Winterschutz bekommt sie bei mir höchstens ein paar Fichtenreißer, die ich zwischen die Triebe des kräftigen Rosenstockes hänge, dennoch überstand sie selbst den eisigen Vorfrühling 2005 ohne Schäden.

Wie die meisten Nostalgierosen besonders fotogen: „Nostalgie", die allerdings eher an Kirscheis mit Sahne erinnert, als an vergangene Zeiten. - Rechts: „Mitsouko" eifert dem Herbstlaub nach.

„Mainzer Fastnacht"

„Velvet Alibi"

„Fragrant Alizeé"

„Elvis"

Weitere relativ robuste Duft - Beetrosen

Weiß: Little White Pet (Bengal - Rose, schon 1879 entstanden); **Kosmos** (nostalgisch gefüllt, cremeweiß); **Margaret Merril** (Rosaschimmer, halbgefüllt)

Apricot und Lachs: Träumerei, Rosenmärchen, Aprikola, Scented Whisper

Gelb: Perle d´Or (1884 entstanden, Bengal - Rose; schimmerndes Orangegelb); **Mitsouko** (primelgelb blühend mit rötlichem Rand bis hin zu rosa - orangegelb); **Friesia** (leuchtend zitronengelb); **Bernstein - Rose**; **Sangershäuser Jubiläumsrose**

Pink: Pariser Charme (dicht gefüllt und ausgesprochen stark duftend)

Flieder: Manou Meilland; **Rhapsody in Blue** (halbgefüllt; derzeit „ blaueste" Rose! Erinnert an zu groß geratene, dunkle „Veilchenblau" - Blüten.)

Gestreift: Henri Matisse (rot - weiß); *bedingt* auch **Paul Cezanne** (rosa - gelb), der guten Winterschutz und besonders viel Aufmerksamkeit braucht

Rot: Duftwolke

Weitere ziemlich robuste Beetrosen mit Duft finden Sie unter den Modernen Nostalgierosen. Die kleineren lassen sich von der Größe her gut in Rosenbeete pflanzen, blühen jedoch meistens nicht ununterbrochen, nicht so üppig und nicht so lange wie solche Rosenstöcke, die speziell für´s Beet gezüchtet wurden.

„Friesia"

68

Gesunde Sorten aller Klassen: Edelrosen

Edelrosen muss man erleben. Keine Katalogabbildung erzählt von dem Gefühl, spärliche ein oder zwei der langstieligen Luxuskreationen zu schneiden und heimzutragen, kein Foto vermittelt den seltsamen Unterschied zur unschuldigen Üppigkeit büschelblütiger Beetrosen und kurzstieliger Strauchrosen. Jede einzelne vermittelt das Gefühl, ein sparriger, dorniger Schatz zu sein… „Teehybriden" entstanden aus chinesischen Teerosen. Diese waren an sich keine Wildrosen, zumindest zum Teil handelte es sich um uralte Züchtungen. Übrigens ist nicht klar, ob der Begriff „Teerose" von dem angeblich teeähnlichen Geruch geprägt wurde oder aufgrund der Tatsache entstand, dass die Petalen als Teezutat genutzt wurden. Vielleicht nannte man sie auch so, weil die ersten Exemplare auf Teefrachtern in den Westen gelangten.

Wie dem auch sei, sie wurden mit geeigneten Partnern gekreuzt, da man Wert auf die interessanten neuen Farben und ihre offensichtliche Neigung zum Dauerblühen legte. Und allmählich entstanden jene langstieligen Stachelgehölze, die wir nun „Edelrosen" nennen.

Aber warum heißt nur sie, die moderne Teehybride, *EDEL*rose? Was könnte edler sein als das Überdauern der Jahrhunderte, das Historische Rosen vorzuweisen haben? Dennoch, *sie* heißen, ziemlich schnöde, nur „*Alte*". „Edel" nennt man stattdessen die blasierte Verschlossenheit der hochgebauten Modernen …

Die „edle" Form der Blüten - an junge Rosenknospen erinnernd - wurde im Zwanzigsten Jahrhundert schnell zum Idealbild für Rosen, so sehr, dass so mancher Laie kaum mehr um die Vielgestaltigkeit der Rosenfamilie weiß. Selbst ihre Empfindlichkeit machte Edelrosen eher noch begehrenswerter - zumindest als Schnittblumen.

Im Garten greifen viele lieber zum Robusten. Glücklicherweise gibt es heute zahlreiche Teehybriden, die vom Züchter als widerstandsfähig und wenig anfällig beschrieben werden.

Besondere Aufmerksamkeit brauchen sie natürlich trotzdem: Bei solchen Rosen sind das Anhäufeln im Winter und der starke Aprilschnitt unvermeidlich. Sie benötigen vorbeugende Spritzungen, und gedüngt wird konsequent, im März und auch in der Mitte des

Junis. - Edelrosen für den Garten dürfen übrigens durchaus zeigen, was in ihnen steckt; sie besitzen die Fähigkeit, ganz aufzublühen - ganz im Gegensatz zu ihren transporttauglichen Schwestern, die nur für den Schnittblumenmarkt gezüchtet werden.

Als Hofstaat für sie wählt man Stauden, deren Wuchsformen und Farben das vornehme Erscheinungsbild ergänzen - am besten solche, die ihre mitunter spröde Schönheit betonen, ohne von ihnen abzulenken.

Sie sollten übrigens einmal ausprobieren, statt eines irgendwie langweiligen einfarbigen Buketts ein *regenbogenfarbenes* zu verschenken! Vielleicht werden Sie von den Abbildungen auf Seite 67 inspiriert? Stecken Sie Zweige, Gräser und Hostablätter (Funkien) dazwischen, und schon haben Sie ein florales Kunstwerk.

Die empfindlichen Edelrosen blühen nicht so üppig wie andere Rosen. Sie entstanden durch Kreuzungen mit Teerosen und benötigen vorbeugende Spritzungen, Aprilschnitt und Winterschutz.

Im Weinbauklima können Edelrosenstöcke recht beachtliche Höhen erreichen.

Für den Schnitt sollten sich die Knospen schon ein wenig geöffnet haben, vor allem „nostalgisch" dicht gefüllte wie „Candlelight" oder „Sebastian Kneipp".

Bei diesen langstieligen Rosen können die Stielenden kurz in kochendes Wasser getaucht werden, was ihre Haltbarkeit noch erhöht.

Kreativität beim Zusammenstellen eines Rosenstrauches ehrt den Schenkenden und freut den Beschenkten.

Edelrosen im Porträt:
Mildred Scheel ("Deep Secret")

Für Rote Edelrosen hatte ich nie viel übrig. Ihr Anblick war mir ein Sinnbild der Langeweile, ihre Symbolik erschien mir abgedroschen. Es war an der Zeit, dass ich eine von ihnen näher kennen lernte. Als sich meine besten Freunde ausgerechnet eine „Rote Edelrose, die auch nach ´was riecht" für ihren Garten wünschten, hielt sich meine Begeisterung ganz ausgesprochen in Grenzen. Dennoch machte ich mich auf die Suche…

Da ich die ausgeprägte Abneigung der jungen Familie gegen jegliche Gartenarbeit kenne, bemühte ich mich, das Robusteste zu finden, was man mir in punkto „Rote Teehybride" nur empfehlen konnte. Und da stellte es sich heraus, dass *diese* Dame in Rot tatsächlich ein Wunder an Widerstandsfähigkeit ist.

Ja, ich bezweifele sogar, dass sie bei ihrer **A**(nerkannte) **D**(eutsche) **R**(osen) **- Prüfung** soviel durchmachen musste wie in den drei Jahren, die sie bisher im Garten meiner Freunde verbrachte! - Drei Jahre! - Verwunderlich - sie wurde (trotz meiner akribischen Anweisungen) *völlig* falsch gepflanzt. „Unsere" Mildred reckt ihre Veredelungsstelle nämlich hoch in die Lüfte, statt sie 5 Zentimeter tief in die Erde zu ducken. Zudem steht sie halb begraben unter - nun, unter *was*? Ich würde sagen, einer gewagten Mischkultur von Wildem Wein, noch mehr Wein und - und noch so einigem. Und das an einer schrecklich ungeeigneten Hausecke!

Ich wage mir nicht auszumalen, was für eine Erde dort zu finden ist, selbst dem *Wilden* Wein geht es augenscheinlich nicht gut.

Die unerschütterliche Rose hat außerdem noch niemals eine Düngung bekommen oder in irgendeiner Form Winterschutz erhalten, und, sie *blüht* - und zwar ohne ein einziges Sternrußtauflecklein auf den Blättern, ohne jeden Mehltaubefall, und *nahezu* unbehelligt von Schädlingen … bis auf einige seltsame Fraßspuren; vermutlich hat sich irgendetwas Verzweifeltes, Winziges, das sich sonst von Wein ernährt, auf das einzige dort Genießbare gestürzt: Das gesund gebliebene Rosenlaub.

Ich staunte ein bißchen, als man mir feixend die Blüten präsentierte - die übrigens stark nach Schwarzen Johannisbeeren rochen.

Ja, - „Mildred Scheel" ist in vielerlei Hinsicht etwas Besonderes. Sie lässt schnell durchblicken, wieso man ihr den Namen einer starken, energischen Persönlichkeit gegeben hat. Auch ihr Rot ist nicht nur *irgendein* Rot. Die dunklen Schattierungen darin waren vermutlich der Grund für den Namen, den man ihr im Englischen Sprachraum gab: „Deep Secret".

Er erinnert uns daran, dass die Rosenblüte einst nicht das Symbol für „Liebe", sondern für die Verschwiegenheit war. - Der besondere Samtschimmer der Blüte mag daher rühren, dass die Petalen für eine Edelrose untypisch weich sind, sodass sich das Licht auf ihnen anders bricht als bei anderen Edelrosen. Aber sie braucht ja auch gar keine harten Blütenblätter, sie gehört schließlich nicht in jeden X - beliebigen Blumenladen. Wer eine *solche* Rote Rose anstelle *irgendeines Straußes* (der nicht einmal „nach 'was riecht") schenken möchte, muss sie sich schon im eigenen Garten bereithalten.

Mainzer Fastnacht

Diese Rose ist unentbehrlich im bereits erwähnten *bunten* Edelrosen-strauß. - Ihr zweiter Name, „Blue Moon", klingt natürlich poetischer; er passt besonders gut zu ihrer metallisch schimmernden Farbe.

Der deutsche Name hingegen weist auf ihre robuste Bodenständigkeit hin, die nur ein Manko hat: In seltenen Fällen fängt sie übergangslos an zu kümmern, und stirbt ab. Aber keine Fastnacht ohne Aschermittwoch… Immerhin ist sie eine Rose, die sogar in einem völlig verregneten Sommer nur im unteren Bereich Sternrußtau bekommt, und fleißig weiter austreibt, wenn auch die Schönheit der Blüten unter zuviel Nässe deutlich leidet.

Als „Mainzer Fastnacht" bzw. „Blue Moon" 1964 in den Handel kam, war die silbrig fliederblaue Farbe etwas ganz Neues (… siehe auch „Rosenbowlenfoto" Seite 85 links).

Es gab zwar schon „Veilchenblau" (1909), aber dieser Rambler wurde beim Thema „Blaue Rose" immer gern ignoriert, weil die Blütchen kaum größer als Mispelblüten sind, und, je nach Boden, mitunter eher rötlich.

Heute hat die halbgefüllte Beetrose **„Rhapsody in Blue"** die Suche nach der blauen Rose im Grunde genommen beendet, aber die Farbe von „Mainzer Fastnacht" bleibt trotzdem sensationell.

Wer sie zum ersten Mal sieht, „stutzt" - und das ganz automatisch. - Wenn die großen Blüten voll aufgeblüht sind, erinnern sie manchmal fast an Nostalgierosen, denn einige sind außerordentlich dicht gefüllt. Als ob das nicht genügt, bietet „Mainzer Fastnacht" auch noch einen der schönsten Rosendüfte - fruchtig, und von prickelnder Intensität.

Trauen Sie sich: Auch Rosenspeisen verleiht die edle Blaue ein ganz besonderes Aroma. Bei eher unprächtigem Wetter sind die Blüten im Topf gut aufgehoben, denn dann lässt die Farbe zu wünschen übrig. Schönheit, oder den Mangel daran, schmeckt man ja nicht. - Bei Sonnenwetter herangewachsene Blüten beeindrucken vor allem in der Vase, aber auch im Garten sind sie ein guter Grund, sich immer wieder zum Schnuppern vor ihnen zu verbeugen.

Weitere relativ robuste Edelrosen mit Duft

Bitte vergessen Sie nicht, dass eine ziemlich stabile Gesundheit nicht gleichbedeutend ist mit *Winterhärte* - Edelrosen *müssen* in unserer Klimazone geschützt werden.

Weiß: **Memoire, Osiana** (eierschalenfarbig), **Elvis** (Michel Adam - Rose, Foto Seite 71)

Rosa: **Willy Millowitsch - Rose, Silver Jubilee, Savoy Hotel, Esmeralda, Frederic Mistral; Fragrant Alizee, Rose de Rennes** (beide Michel Adam - Rosen)

Gelb: **Elina, <u>Marco Polo</u>, Isabelle Autissier** (rosa - gelb, Michel Adam - Rose)

Lachs: **Paco Rabanne** (Michel Adam - Rose)

Rot: Erotika, **Mildred Scheel** (=Deep Secret), **Duftrausch** (hellrot), **Duftfestival**, **Ingrid Bergmann**, **Velvet Alibi** (Michel Adams - Rose, nur leichter Duft), **Grande Classe** (Michel Adams - Rose), **Purple Beauty** (purpur).

Mehrfarbig: Caribia (rot - gelb), **Sutters Gold** (Gelb mit Rot); - **Isabelle Autissier** (rosa - gelb), **Copacabana** (rot - gelb; beide Michel Adam - Rosen)

Silbrig helles Fliederblau: Mainzer Fastnacht (=Blue Moon)

Gesunde Sorten aller Klassen: Die Englischen Rosen und die Nostalgierosen

Es gab eine Zeit, da hatten einige Gärtner genug. Genug von Rosen ohne Duft, von steifen, halb kahlen Strünken … und von Rosenbeeten, die nur noch als Farbflecke eingesetzte Rosen ohne *Persönlichkeit* zeigten, deren Blüten sich kaum richtig öffneten.

Man erinnerte sich wieder an die Alten Rosen, und begann einmal mehr, diese zur Zucht einzusetzen. Im rosenbegeisterten England zeigten sich bereits in den Siebziger Jahren des Zwanzigsten Jahrhunderts die ersten Erfolge.

Mittlerweile sind die neu entwickelten „Englischen Rosen" etwas ganz Eigenständiges: Auf der einen Seite ähneln sie Sorten, die seit Jahrhunderten als Inbegriff der Rosen galten, und zeigen voluminöse Blüten, die schon von der Form her den Charakter der jeweiligen Sorte offenbaren. Zudem sind sie oft „geviertelt" und duften sehr stark. - Andererseits zeigen sie als die modernen Rosen, die sie sind, natürlich auch Farben wie Gelb, Lachs, Blutrot und sogar Orange, und sie haben oft sehr große Blüten.

„Red Nelly": Das Foto wird ihr kaum gerecht.

Im Romantikgarten unentbehrlich: Nostalgierosen

Der Begriff „Englische Rose" ist auch zum Synonym für schöne Düfte geworden.

Rugosa - Hagebutten lassen sich besonders leicht verarbeiten.

Auch das stabile Laub weißt sie als Zuchtergebnisse des Zwanzigsten und des Einundzwanzigsten Jahrhunderts aus.

Das Charisma der Einzelblüte ist bei ihnen wieder ein wichtiges Kriterium. Man kann sie sich allenfalls als geschickt eingesetzte Gruppenpflanzung vorstellen, aber nicht als Einheitsfarbklecks im Straßenbegleitgrün. Bei aller Blüten - Individualität fehlt ihnen nur eins: Die altertümlichen Unregelmäßigkeiten, die die Blüten Alter Rosen manchmal zeigen ... Englische Rosen sind fast (!) immer wie auf dem Reißbrett entworfen, was natürlich auch seinen Reiz hat.

Zur Innovation wurden die Englischen bzw. Nostalgie - Rosen letztendlich dadurch, dass die meisten, trotz ihres Altertumsflairs, bis zum Herbst hindurch blühen - zumindest die neueren Sorten.

Ihre Einsatzmöglichkeiten sind vielfältig: Englische Rosen können sowohl kleine Beetrosen als auch Kleinsträucher, aber auch richtige Parkrosen sein. Es gibt, wie gesagt, sogar kletternde Formen. (Unter diesen ist die „*Climbing* William Morris" - laut Züchterkatalog - besonders winterhart.) - Wagen Sie sich auch ruhig einmal an ein traditionelles Englisches „Mixed Boarder" heran.

Der Duft Englischer Rosen erinnert oft an Myrrhe mit Teerose. Sie benötigen mehr oder weniger starken Aprilschnitt - durch den man die Endgröße mitbestimmt - und fast alle brauchen unbedingt Winterschutz. Wie auch die meisten Beet- und Edelrosen (und einige Strauch- Rambler- und Kletterrosen) sollten sie zudem alle 14 Tage mit vorbeugenden Pflanzenstärkungsmitteln besprüht werden. -

Es darf nicht vergessen werden, dass wir die Englischen Rosen nicht nur David Austin verdanken; Peter Harkness zum Beispiel brachte im Jahr 2000 die wohl schönste weiße, robuste Nostalgierose mit Duft auf den Markt, die er „**Great North Eastern Rose**" nannte (obwohl sie nur 1m hoch wird - aber Größe ist nun einmal nicht gleich *Größe*!). Im selben Jahr präsentierte er auch die beige - rosa „**Amber Abundance**", die sogar für Kübel geeignet sein soll.

Und auch in anderen Ländern fand man, dass die Rückkehr zur romantischen Blütenform eine gute Idee ist. In Frankreich entwickelte z.B. ausgerechnet der Erbe jenes Züchters, der einst die erste Edelrose einführte, die als robust geltenden Generosa - Rosen. - Ihre Farbpalette zeigt oft Rost, Kupfer, Rosenholz und Apricot - nicht nur kombiniert mit blau blühenden Stauden ergeben sich hier fast unwirklich schöne Rosenbeete.

Denkt man an deutsche Nostalgierosen, fällt vielen zuerst die außen dunkelrote, innen cremefarbene Edelrose „**Nostalgie**" ein (1999; 90cm; robust; Duft nach Himbeerbonbons).

Eine alte Dame, deren Strauch ich in Grifte bei Kassel bewunderte, schenkte mir eine Blüte, die in der Vase Acht Tage lang ganz frisch blieb … In regenreichen Jahren ist „Nostalgie" etwas blass, was ihr aber durchaus recht gut steht. - „**Sebastian Kneipp**" (1997, 90cm) darf ebenfalls nicht ungenannt bleiben; die zerzaust gefüllten, cremeweißen Blüten duften sortentypisch intensiv. Der Duft wird als „berauschend" beschrieben. Er ist unentbehrlich in Gärten, wo man eine Sammlung unterschiedlicher Duftnoten anlegt. - Selbst unter den Rugosas finden sich bereits die ersten „nostalgischen" Sorten - z.B. „**Regina Centifolia**" aus dem Jahr 2000, und „**Romantic Roadrunner**", eine rosarote Flächenrose. - Nostalgierosen bereichern durch ihre großblütige Eigenart sowohl das Sortiment der Alten Rosen als auch das der „gewöhnlichen" Floribundas und Teehybriden. - Die Züchter finden viele Begriffe für sie: Im Handel sind heute auch „Märchenrosen", „Romantikrosen", oder die als robust geltenden, duftenden, nach Köchen (!) benannten „Gourmet - Rosen" vom Züchter Delbard (z.B. „**Eckhardt Witzigmann**" und „**Dieter Müller**", die bei dieser Gelegenheit auf Namen getauft wurden, die für zart rosafarbene Nostalgierosen - naja, zumindest etwas gewöhnungsbedürftig sind).

Wie auch immer man sie nennt: Der Charme der Alten lebt in ihnen weiter, verbunden mit der Farbvielfalt und Dauerhaftigkeit der Modernen; dadurch haben sie das Charisma des beliebten Stachelgehölzes ausgesprochen gut ins 21. Jahrhundert gebracht.

Die modernen Nostalgie- oder Romantikrosen vereinen die voluminöse, duftende Blüten - Individualität der Alten Rosen mit dem Farbspektrum, der Blütengröße und dem Nachblühen der Modernen. Manche sind Strauchrosen, ein paar sind kleine Beetrosen, andere werden den Edelrosen zugeordnet, und einige klettern sogar. Ihre Gesundheit ist so unterschiedlich wie die Familien, denen sie angehören; viele sind recht robust.
Englische und Französische Romantikrosen benötigen in Deutschland meistens besonderen Winterschutz.
Überraschend viele gedeihen auch im lichten Halbschatten.
Als Schnittblumen sind Nostalgierosen einfach herrlich.

Moderne Nostalgie - Rosen im Porträt:
Augusta Louise

Ein neuer Stern am Rosenhimmel: Die Dame mit dem lustigen Namen entstand 2003.

Viele Rosen bekamen an der Schwelle und in den ersten Jahren des neuen Jahrtausends Namen, die sie gleichsam in der Vergangenheit verwurzelten, z.B. „Tschaikovsky" (1999), **„William Shakespeare 2000"**, „Königin Kunigunde" oder „Albrecht Dürer - Rose" (beide 2002), und unsere „Augusta" wurde deshalb nach einer Brieffreundin Goethes benannt. - Wie bereits erwähnt, war es diese Rose, die mich von Pastellfarben überzeugte - obwohl ihre Farben auch lodern können, wie Sie auf Seite 8 und Seite 85 sehen können!

Auch ihr ledriges Laub entlarvt sie als Tochter des Einundzwanzigsten Jahrhunderts. - Ihr „Rüschenkleid" variiert je nach Witterung. Die rosa- apricot- und pfirsichfarbenen Duftblüten erinnern an zahllose Unterröcke, die man einfach umgestülpt hat. - Bei all dem legt der kleine Strauch (eigentlich ist sie eine starke Beetrose) eine fast undamenhafte Robustheit an den Tag. Mein Exemplar musste ein Jahr lang mit einem denkbar schlechten, schattigen Standort vorlieb nehmen und wurstelte sich - fleißig blühend - kerngesund aus einem dicken Taglilienhorst heraus. Natürlich steht sie jetzt an einer günstigeren Stelle!

Die Knospen sind ein wenig regenempfindlich, aber: Die ganze Saison lang blüht „Augusta Louise" fleißig nach, egal, wie heiß der Sommer ist. In Vase und Beet dämpfen ihre Pastelltöne die Wildheit eines **Henri Matisse**, spielen mit Gelbtönen oder leuchten golden neben Himmelblau.

Wenn Sie ihr blau blühende Begleiter gönnen möchten, kommen **Präriesalbei** (Salvia nemerosa "Mainacht"), **Eisenkraut** (Verbena hastata), **Glockenblume** (Campanula) und die **Jungfer im Grünen** (Nigella) in Frage, und selbstverständlich auch der **Rittersporn**.

In Mixed Boarders können ihr auch Halbgehölze Rückendeckung geben: **Säckelblume**, **Bartblume**, **blauvioletter Sommerflieder** oder die **Perovskie** ("Russian Sage"). Ihre Wildbienen und Hummeln werden es Ihnen danken, und im nächsten Jahr umso eifriger Ihr Obst befruchten ...[7]

Ein gewagter, aber passender Kontrast ist Fliederblau: **Phlox** (phlox panniculata) erblüht manchmal in diesen Tönen, die ausgezeichnet zu "Augustas" eigenwilliger Farbsymphonie passen. Die Sorte "**Lisa**" ist fliederfarben mit weißem Auge, "**Wilhelm Kesselring**" und "**Düsterlohe**" ergänzen die hellen Rosenblüten mit tiefem Violett.

Angeblich ist "Augusta Louise" auch gut für Kübel geeignet. Hier ist meiner Ansicht nach Vorsicht geboten: Frei ausgepflanzt scheint sich dieses beeindruckende Kleingehölz wohler zu fühlen. - Niemand käme auf die Idee, die vornehme Romantikerin schnöde in den Topf wandern zu lassen, in Vase und Beet ist sie aber eine wahre Pracht. Ansonsten hat sie den Zeitgeist voll getroffen: Zarte Frucht - Farben, robuste Gesundheit, guter Duft und die Eignung für den Vordergrund raffinierter „Mixed Boarders". - Habe ich einen Vorteil vergessen? - Ach Ja! Sie verzweigt sich sehr gut … Alles in allem stellt diese Rose den Begriff „Nostalgierose" überzeugend dar.

---

[7] …wobei man allerdings nicht vergessen darf, dass Sommerflieder (buddlja davidii) für die gern gesehenen Schmetterlinge nur so eine Art Junkfood - Schnellrestaurant ist. Wenn Sie wirklich Wert auf die bunten Flatterer (und natürlich auch auf die dauerhafte Anwesenheit anderer Nutzinsekten) legen, erkundigen Sie sich bitte nach einheimischen Sträuchern und Stauden, die auch die Raupen ernähren.

Robuste Nostalgierosen mit Duft

Bei den Englischen Rosen bleiben die Sträucher in Deutschland eventuell kleiner als hier angegeben. Der Begriff „Beetrose" bezieht sich hier auf die Endgröße, und bezeichnet Rosen bis 50cm.

Rosa: **Queen of Sweden** (hell apricotrosa, 1m); <u>**The Generous Gardener**</u> (sehr hell rosa, kräftige Strauchrose um 1,50m); **Mortimer Sackler** (porzellanrosa und schalenförmig blühend, Strauchrose bis 1,40m, auch *kletternd* erhältlich); **Brother Cadfael** (pink, um 1m); **Jubilee Celebration** (leuchtend dunkelrosa mit etwas Gelb, Strauchrose); <u>**The Mayflower**</u> (Strauchrose bis 1,20m, pink); <u>**Regina Centifolia**</u> (Strauchrose, sehr frosthart); **Romantic Roadrunner** („Bodendeckerrose", auch wurzelecht erhältlich, sehr frosthart); **Eckhardt Witzigmann**; **Dieter Müller**; **Laguna** (*Kletterrose*, dunkles Pink); **Jasmina** (*Kletterrose,* nostalgisch gefüllt, wird als sehr widerstandsfähig beschrieben)

Gelb: **Molineaux** (kleine Beetrose, braucht Kraft und Platz, bemerkenswert in Kombination mit fliederblauen Stauden); **Teasing Georgia** (Beetrose); **Candlelight** (Edelrose); **Felidae** (Kleinstrauchrose); **Polka** (Beetrose); **Bernstein - Rose** (Beetrose, bernsteingelb); <u>**Graham Thomas**</u> (im unteren Bereich etwas verkahlender Strauch, der Rückschnitt und evtl. Vorpflanzung braucht, bei Hitze leichter Duft); **Perpetually Yours** *(Kletterrose* bis 3,50m, pastellgelb)

Mehrfarbig: **Nostalgie** (Kleinstrauch- oder starke Beetrose, Rot mit weißer "Füllung", durch ihre originelle „Eiskugel in der Schale - Form" eher eine außergewöhnliche Edel- als eine Romantikrose);
viele französische „**Generosa - Rosen**" (Sträucher und Beetrosen), z.B.
Agnes Schilliger (1m) und **Versigny** (1,20m); **Augusta Louise** (starke Beetrose, dekorativ zwischen Gelb, Rosa und Lachsfarben „schwankend")

Dunkelrot und Purpur: <u>**William Shakespeare 2000**</u> (1m, launischer Duft); **Red Eden Rose** (Strauchrose); **Darcey Bussel** (Beetrose)

Orange, Kupfer und Apricot: Sweet **Juliet** (starke Beetrose); **Grace** (Strauchrose bis 1,20m, apricot); **Aloha** (*Kletterrose,* leuchtend apricot - rosa mit roten und gelben Akzenten); **Amber Abundance** (Kleinstrauchrose um 90cm, beige - rosa); **Tea Clipper** (siehe Fußnote 9); viele französische „**Generosa - Rosen**", z.B. **Veronique B.** (80 cm) und **Emilien Guillot** (80 cm)

Weiß: Great **North Eastern Rose** (1m); **Sebastian Kneipp** (starke Edelrose, cremeweiß); **Kosmos** (dunkles Cremeweiß)

Gesunde Sorten aller Klassen: Bodendecker- bzw. Flächenrosen

Für schwierige Standorte - und für Gärtner, die ganze Flächen in „rosige" Zonen verwandeln wollen - eignen sich die niederliegend wachsenden „Bodendeckerrosen" (= Flächenrosen).

Die meisten der robusten, winterharten Zwergsträucher werden wurzelecht angeboten, treiben Ausläufer, und bedecken den ihnen zugedachten Platz schnell und effektiv. Natürlich müssen die Bodendecker - Pflanzbereiche ebenso gut vorbereitet werden wie „richtige" Rosenbeete … Wurzelunkräuter würden sonst nur zu gern dazwischenwuchern! - Sonnige Hügel, an denen man nur ungern allwöchentlich den Rasen mähen würde, und andere vormals ungeliebte Plätze werden durch Flächenrosen zu üppig blühenden Gartenhöhepunkten. - Vergessen Sie nicht, dass sich fast alle der langtriebigen Stachelgewächse auch als niedrige Kletterer einsetzen lassen, z.B. an niedrigen bis mittelhohen Maschendrahtzäunen!

Auf diese Weise entstehen ganz besondere „Rosenhecken", z.B. mit der Top - Bienenweide „**Immensee**". - Außerdem könnten Sie Bodenerhebungen oder Trockenmauern von *oben* mit einem Rosenschleier überziehen lassen - z.B. in violettrosa, von „**Lavender Dream**". - Die meisten Flächenrosen erblühen einfach oder halbgefüllt. Das macht sie zu wunderbaren Bienenweiden, wie etwa die weiße „**Sternenflor**", oder „**Magic Carpet**" (1994; rosa) aus den USA. - Die Zuchtziele bei Bodendeckern sind nachvollziehbarerweise eher Robustheit und Winterhärte statt Duft, jene aus der **Rugosa** - Familie verströmen jedoch ihren typischen

Wohlgeruch. - „**Schneekoppe**" und „**Schnee - Eule**" (beide weiß), „**Topaz Juwel**" = „**Gelbe Dagmar Hastrup**" (gelb), „**Foxi**" = „**Buffalo Gal**" (fliederrosa), „**Smart Roadrunner**" (rosa), „**White Roadrunner**", „**Moje Hammarberg**" oder „**Rotes Meer**" (beide purpur) sind so pflegeleicht wie die Wildform Rosa rugosa.

Bei solchen Bodendeckern bedienen sich nicht nur Vogel und Schwebfliege, sondern auch Menschen. - Achtung Balkongärtner: Viele Flächenrosen sind recht gut für Kübel geeignet.[8]

Der Rosenduft wird zum Geschmack

Vom Geheimnis der Duftrosen

Bevor wir auf die Sache mit der Küche eingehen, lassen Sie mich bitte etwas weiter ausholen.

Ich bin in der Nähe des Bergparks Wilhelmshöhe und seiner Roseninsel aufgewachsen, und wahrscheinlich ist der Duft Alter Rosen deshalb eine meiner ganz frühen Erinnerungen.

Im Lauf der Jahre hatte ich aber vergessen, dass es Rosen gibt, die in Flieder- und Lavendelfarben blühen, und manchmal sogar changierende Grautöne zeigen - Rosen, die sich als Ziersträucher in den Landschaftspark einfügen, statt in Reih und Glied auf Beeten zu stehen - mit Düften, die einem vorkommen, als seien sie aus einem Urgedächtnis aufgestiegen. Als ich ihnen wiederbegegnete, wusste ich, dass ich einige von ihnen selbst anpflanzen wollte.

„Belle sans Flatterie", „Aimable Rouge", „Tour de Malakoff", „Cristata" - die Entscheidung war nicht leicht, ich fand jedoch schnell meine Favoriten. Bei allen anderen genügt es mir nun, ab und zu vom Motorrad zu springen und über´n Zaun zu schnuffeln, siehe Seite 13 unten … Dabei kann es Überraschungen geben, denn

---

[8] Rosen - Pflanzcontainer müssen sehr tief sein; man kann sie leicht selbst herstellen, und zwar mit einer etwa 60 cm hohen Röhre aus Maschen- oder Kaninchendraht, die Sie in einen Mörtelkübel stecken und innen sorgfältig mit Noppenfolie auskleiden. Natürlich braucht der Mörtelkübel Abzugslöcher. Mit einer Schilf- oder Weidenmatte außen, die Sie mit Jutebändern oder dergleichen festschnüren, ist der entstandene Rosenkübel dann auch noch standesgemäß „angezogen".

manche Rose riechen gar nicht nach Rose: Manche duften eher nach Honig (**Rosa multiflora**), Lindenblüten („**Little White Pet**"), Myrre (viele Englische Rosen) oder den unterschiedlichsten Fruchtdüften - („**Mildred Scheel**", „**Mainzer Fastnacht**", „**Red Nelly**").

Rosendüfte sind so verschieden, weil die Inhaltsstoffe bei jeder Rose in unterschiedlichen Anteilen vorhanden sind.[9] Bei aller Liebe zu den Einmalblühenden möchte ich zum Beispiel nicht auf die Edelrosendüfte verzichten - übrigens verströmt den für mich intensivsten reinen *Edelrosen*duft ausgerechnet die Englische Rose „**Molineaux**".

Auch das „Duftverhalten" der Rosen ist sehr individuell. Einige *verströmen* ihr Aroma, und beduften ganze Sitzecken, an anderen muss man gewissermaßen bemüht schnüffeln. Auch hören selbst fleißige Dufter zu bestimmten Tageszeiten und bei kühlerem Wetter auf, Geruch zu versenden: Jede Rose scheint ihre Lieblingsinsekten zu haben, die sie nur dann anlockt, wann sie will. **Führen Sie ruhig einmal Buch darüber, welche Ihrer Rosen wie duftet, mit was sich der Duft vergleichen lässt, zu welcher Tageszeit und bei welcher Witterung welche Ihrer Rosen am intensivsten duften.** Das wird eine interessante Erinnerungslektüre für den Winter, macht den Austausch mit anderen Rosengärtnern spannend, kann im nächsten Jahr gut mit den aktuellen Gegebenheiten verglichen - und vor allem für die Ernte genutzt werden.

Als einen der *launischsten* Dufter habe ich „**Veilchenblau**" kennen gelernt. Zunächst hielt ich den Rambler für die angeblich verschollene Rosa wichuraiana - Tochter „Donau", denn als solche wird der weithin fliederblau (!) schimmernde Blütenberg im Bergpark Wilhelmshöhe beschrieben. Vielleicht ist das Exemplar auch „nur" eine der keineswegs seltenen Rosa multiflora - Erbinnen namens „Veilchenblau" - immerhin war ich begeistert.

Der ungewöhnliche Duft gefiel mir sehr (er erinnert ein bisschen an ein Schaumbad, das man aus unklaren Gründen in eine von Weihrauch durchwehte Kirche gestellt hat). - Was ich selbst bekam, als ich eine „Donau" für meinen Garten bestellte, dürfte freilich die „Veilchenblau" sein; angeblich waren die mit „Erinnerung an Brod" verwandten Schlingrosen seit jeher kaum zu unterscheiden. Auf alle

---

[9] Quelle: „Rosenbogen" Nr. 1 / 2003, Seite 31 - 33; Professor Dietrich Wabner: „Vom Duft der Rose"

Fälle riecht sie gut - wenn sie will. Ja, erst nach einigen warmen Tagen lässt sich diese Rose eines sonnendurchglühten Mittags herab, ihren Duft zu verströmen; eine Angewohnheit, die sie, meiner Nase nach, z.B. mit „**Himmelsauge**" und „**Graham Thomas**" teilt.

Ein weiterer launischer Dufter ist „**Quatre Saisons Blanc Mousseaux**", die oft noch spät am Abend ihren sachten Damaszenerduft von sich gibt, und dafür tagsüber fast ganz darauf verzichtet. Stabiler ist der Duft bei „**Rose de Resht**", und die Blüten der Rugosas durften fast ununterbrochen.

Duft - Kontinuität scheint also viel mit dem Duft - Bestandteil „Eugenol" zu tun zu haben, denn „Eugenol" ist es, das die *Nelken - und Zimt - Noten* in den Rosenduft bringt (siehe Fußnote 9), und diese herrschen bei den Kartoffelrosenblüten bekanntlich vor.

In Gegenden mit eher kühlen Sommern tut man also gut daran, ganz unverfroren die robusten Runzelblättrigen zu pflanzen, sonst gibt es bei schlimmem Wetter wenig zu schnüffeln. - Ich las kürzlich einen Artikel von Professor Dietrich Wabner, einem Fachmann für Rosenduft und Aromatherapie. Er berichtete unter anderem, in welchem Bereich der Rosenblüte welche Duftstoffe sitzen. Dies verrät uns viel über die wahrscheinliche „Vorgehensweise" der Königin der Blumen …

So sind es *Rosenalkohole* wie z.B. „Geraniol", die die Insekten überhaupt erst herbeilocken. Danach kommt ein leicht berauschender Inhaltsstoff zum Zuge - der sehr prosaisch „2 - Phenyl - Alkohol" heißt - und betäubt die potenziellen Bestäuber ein bisschen.

Am Ende verweilen sie bei den Staubgefäßen, weil es dort ähnlich wie im Bienenstock (!) riecht, und zwar nach „Eugenol" und „Citral". - Bemerkenswert finde ich auch, dass einige Bestandteile des Rosenduftes **antiseptisch** sind, andere wiederum **leicht berauschend** oder **schmerzlindernd**, **desodorierend**, allgemein **hautfreundlich** und sogar **antirheumatisch** (siehe Fußnote 9).

Die Bader und Apotheker, die Rosenwasser und Rosenöl als Arznei einsetzten, lagen also keineswegs falsch.

Noch heute gilt die Wirkung eines Tees aus Rosenblütenblättern als **leicht antiseptisch**, **verdauungsregulierend** und sogar etwas **stimmungsaufhellend**. Erwarten Sie nun bitte keine Wunder von den Rosenspeisen, die ich Ihnen gleich vorstelle. Aber es ist doch ein guter Gedanke, sich mit einem *Genussmittel* etwas Gutes zu tun.

Likör aus
Blüten von
„Mainzer
Fastnacht" und
„Westerland"

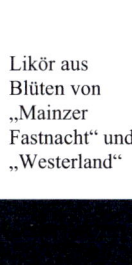

Für diese Bowle wurden Blüten von
„Fisherman´s Friend" und „Rose de Resht"
verarbeitet.

Rosengelee aus „Hansa"

Rosenmilch

„Augusta Louise"

Eigentlich ist Rosenduft dazu da, Insekten anzulocken (weswegen er bei Züchtungen, deren Blüten bis zum Verwelken knospig bleiben, meist fehlt). - Aber auch Menschen fühlen sich auf besondere Weise von den leicht berauschenden, stimmungsaufhellenden und antiseptischen Ätherischen Ölen und Alkoholen angesprochen, die, je nach Mischungsverhältnis, immer wieder unterschiedliche „Duft - Cocktails" ergeben. Edelrosen haben einen für sie typischen Duft, viele Beetrosen erinnern vom Duft her an Früchte, und Englische Rosen duften mitunter nach Myrre. Bei den Alten Rosen unterscheiden sich die Düfte der einzelnen Klassen: Bei den Moosrosen duftet das „Moos" anders als die Petalen, Gallicas duften herb, Damaszener süß, und Zentifolien rosig - harmonisch. - Gerade Frühblüher riechen mitunter nach Äpfeln, Limonen, Honig, Lindenblüten und anderen bei Rosen eher unerwarteten Nuancen. Es hat eine lange Tradition, aus den duftenden Petalen Nahrungsmittel zuzubereiten, denn Rosen waren bereits Arznei- und Nahrungspflanzen, bevor sie als Zier- und Symbolpflanzen eingesetzt wurden.

Einfache Rezepte für Anspruchsvolle

Willkommen im 21. Jahrhundert! Selten standen dem Gärtner so viele vollendet schöne, duftende und dabei robuste Rosen zur Verfügung. Gärtner aus Übersee haben die Möglichkeit, sich Pflanzen von der anderen Seite des Ozeans zu bestellen, und Rosenfreunde in aller Welt tauschen sich miteinander aus. Wir blicken zurück auf die Erfahrungen von Gärtnern, die bereits Rosen pflanzten und nutzten, als unsere Urgroßeltern noch nicht geboren waren - und täglich machen wir eigene neue.

Wie wäre es mit einer wie dieser: Beim Anblick üppig blühender Gartenschätze findet man zurück zu der Erkenntnis, dass er schiere Vergeudung ist, ein solches Blütenfeuerwerk nur *anzuschauen.*

Genau. - Es ist alles andere als eine neumodische Dekadenz, aus Rosenblüten Speisen zuzubereiten, eher eine Rückkehr zu etwas sehr Sinnvollem. Wenn Sie Freude am Rosenduft haben, sollten Sie es sich und Ihren Freunden nicht vorenthalten, Rosenspeisen zu probieren.

Keine Sorge: Es schmeckt nicht „nach Parfüm". Stattdessen schmeckt es definitiv *essbar* - eigentlich kommt einem der

Geschmack vertraut vor, so, als probiere man zum ersten Mal eine unbekannte Frucht. - Die Rose wäre im Lauf der Jahrhunderte sicher nicht so oft im Topf gelandet, wenn der menschliche Gaumen ihr Aroma nicht als delikat empfinden würde; selbst sehr Verschnuckte sind erstaunlich schnell zu begeistern.

Einem gut eingewachsenen Strauch sieht man auch mehrere Ernten nicht an, und die letzten Herbstblüten holt man zu einem Zeitpunkt ins Haus, wenn sich das Leben ohnehin mehr drinnen abspielt. Wem die Blüten trotzdem zu sehr „leid tun", nimmt einfach die im Abblühen begriffenen, die bald zu Boden flattern oder auf dem Kompost landen würden. Aber solche Skrupel überwindet man schnell, besonders, wenn man ergiebige Sträucher wie die kleine „Rose de Resht" oder den großen „William Lobb" im Garten hat - und unseren bewährten, vielseitigen **Rugosas** sieht man die Nutzpflanze ohnehin schon an. Solche Rosen kann man bewusst als stets ungespritzte Ernte - Sträucher pflanzen.

Meistens kann ich nicht widerstehen: Wenn ich einen neuen „Schub" der Rosenblüte im Garten sehe, hole ich wenigstens einige der Blüten nach Hause, um neue Rezepte zu erfinden.

Die folgenden bewährten Rezepte sind nicht nur leicht zuzubereiten, sie garantieren auch den vollen Rosengeschmack.

Rosenbowle

Hier greifen auch jene zur Schöpfkelle, die sich sonst nicht so schnell auf Ungewohntes einlassen: Eine spritzige Zutat für ein stimmungsvolles Rosenfest!

Ich benutze als Maß meinen 30 x 25cm - Weidenkorb, den ich bis zum Rand mit ganzen Blüten fülle. Das ergibt in etwa die von mir angegebene Menge abgezupfter Blütenblätter.

Für die Bowle geeignet sind vor allem **„Rose de Resht"** (harmonisches, gefälliges Rosenaroma), **„Hansa"** (appetitlicher Zimt - Nelke - Geschmack), **„William Lobb"** (Aroma von Fruchtlikör mit Rose), **„William Shakespeare 2000"** (ein Hauch von Edelrose) und alle anderen ganz frischen, stark duftenden, ungespritzten Rosen in Dunkelrot, Purpur oder Violett. - „Blaustichige" Rosen wie „James Veitch" und **„William Lobb"** ergeben übrigens eine ebenso *johannisbeerfarbene* Bowle wie wirklich *rote* Rosen. Sie können schon beim Zugießen des heißen Honigwassers beobachten, wie sich die Farbe von Violett zu Rot verändert. Noch heller und leuchtender wird das Rot durch Zugabe von Vitamin C (z.B. Zitronensaft - oder Sie nehmen eine Prise des geschmacksneutralen Vitamin C - Pulvers aus der Apotheke).

Sie benötigen:

- Nudelsieb
- 2 Töpfe
- 2 Kaffeefiltertüten
- Zwei volle 1 Liter - Messbecher voll abgezupfter (dunkler) Blütenblätter
- 1/2 l Wasser
- 200g Honig
- Saft von einer halben Zitrone
- 1 Flasche Sekt (nicht zu süß)
- 200 ml Weißwein oder 150 ml nicht zu süßen Met (Honigwein)
- Helle, ungespritzte Rosenblüten (die am besten nicht im Wasser stehend, sondern **in einer verschließbaren Dose im Kühlschrank** warten)

Schütteln Sie die Blüten etwas aus und **zupfen Sie die Petalen (Blütenblätter) in den Ein -Liter - Messbecher ab.** (Nehmen Sie ruhig alle Blüten, die sie gepflückt haben; Rosenaroma ist so harmonisch, dass es sich nur intensiviert, ohne aufdringlich zu werden.) **Kochen Sie nun ½ l Wasser mit dem Honig** im zweiten Topf auf. - **Übergießen Sie die Blütenblätter** mit der kochend heißen, aber nicht mehr kochenden Flüssigkeit.

Lassen Sie den **zugedeckten Topf 4 - 7 Stunden stehen**, bis er ganz abgekühlt ist. Zwischendurch sollten Sie ein- oder zweimal umrühren. - Waschen Sie sich die Hände mit einer *nicht parfümierten* Seife, denn Sie sollten die Petalen am Ende kräftig ausdrücken, um beim Wegwerfen der ausgelaugten Blütenblätter möglichst wenig Flüssigkeit zu verlieren. - „Fischen" Sie möglichst viele der Blütenblätter mit den Fingern heraus, um ihr Sieb nicht zu „überfordern". Sie sollten es mit zwei aufgerissenen Kaffeefiltertüten auskleiden, falls ein paar Staubgefäße zwischen die Blütenblätter geraten sind. - Gießen Sie nun den Ansatz, in dem noch die letzten Petalen schwimmen, durch das Nudelsieb in die Bowlenschüssel.

Mischen Sie die tiefrote Flüssigkeit als erstes **mit dem Saft von ½ Zitrone** und **mit dem Wein**, und lassen Sie das Ganze zugedeckt eine Stunde lang stehen. (Falls Sie Met einsetzen, wählen Sie bitte eine neutrale Sorte. Wein aus Olmo- oder Lindenhonig hat einen zu starken Eigengeschmack.) - Sie sollten erst vor dem Servieren **den Sekt hinzufügen**, und dann natülich **ein paar hellere Rosenblüten** darin schwimmen lassen.

Rosenmilch

Aroma und Inhaltsstoffe der Rosen kommen hier voll zur Geltung. Für dieses überaus leckere Getränk kann man gut die wenigen ersten oder letzten Rosenblüten des Jahres nutzen, besonders, wenn der Tag im Garten wegen schlechten Wetters „ausfällt". Ich habe noch keinen erlebt, der von diesem *Shake* nicht begeistert war.
Er hat allerdings (wie viele Milchshakes) die „Sofort runter damit - Automatik": Keiner ist in der Lage, ihn langsam zu trinken!

Sie benötigen für zwei Portionen:

- 4 große Tassen voll mit frisch abgezupften Duftrosen-blütenblättern
- 400 ml Vollmilch
- Sahne- oder Vanilleeis
- 3 - 4 El Rosengelee
- Stabmixer oder Pürierstab

Bedecken Sie den Boden eines großen Topfes mit den Petalen. **Kochen Sie die Milch auf** und **übergießen Sie die Blütenblätter** damit. Die Milch muss kochendheiß sein, darf aber nicht mehr sieden! Lassen Sie die Rosenmilch etwa 3 Stunden stehen, bis sie ganz abgekühlt ist. Gießen Sie den Ansatz durch ein Sieb in einen kleineren Topf. Fügen Sie **3 EL nicht zu festen Rosengelee** (Zimmer-temperatur) und **zwei Kugeln Eis** hinzu. -
Und nun alles gut durchmischen und aufschlagen; sofort servieren.

Rosenlikör

Dies ist wirklich das einfachste Likör - Rezept, das ich für Sie ausfindig machen konnte. Eine alte Dame verriet mir den Trick, und ich ersetzte Beeren durch Rosen.

Wann Sie die Blüten hierfür ernten sollten, werden Sie bald selbst am besten wissen - wenn Sie Ihre eigenen Rosen näher kennen lernen, merken Sie auch, wann sie am intensivsten duften.

Für meinen Probelikör verwendete ich 5 Blüten „**Mainzer Fastnacht**" und 6 Blüten „**Westerland**". Er zeigte schon bald eine schöne Bernsteinfarbe. Man genießt ihn am besten mit einem Spritzer Vollmilch oder Sahne, und für den Winter empfehle ich heiße Milch mit einem Schuß Rosenlikör.

Sie benötigen zunächst:
- eine gut verschließbare Flasche mit möglichst weitem Hals
- 10 -12 große, frisch gepflückte, ungespritzte Duftrosen - Blüten
- 200g weißen Kandiszucker
- 0,7 l Wodka oder Korn

… und 4 Wochen später:
- getrocknete Rosenblütenblätter (siehe „Rosentee"; ca. 5 Handvoll)
- 100g Honig
- 200ml Wasser

Stopfen Sie die grob zerkleinerten Blütenblätter in eine gut verschließbare Flasche. Es genügt, wenn Sie sie in Bündeln in der Mitte durchreißen. Füllen Sie nun den Kandiszucker in die weithalsige Flasche bzw. das große Schraubglas.

Mit dem Alkohol übergießen, in Speisekammer oder Keller stellen, täglich gut schütteln; dann, nach 4 - 6 Wochen, abseihen.

(Heben Sie die eingelegten Rosenblütenblätter ruhig im Kühlschrank ein paar Tage lang auf; sie können Ihre nächste Obstkonfitüre damit „würzen".) - Kochen Sie nun 100g Honig in 200ml Wasser auf. Übergießen Sie damit ein halbes Glas getrocknete Rosenblütenblätter und decken Sie den Ansatz ab. Nach dem

Erkalten die Blütenblätter „herausfischen", die Flüssigkeit durch ein Teesieb in den Rosenlikör gießen, und gut schütteln.
Noch etwa 14 Tage stehen lassen, und dann darf probiert werden.

Rosengelee (Rosa bis Rot)

Eigentlich ist das unser wichtigstes Rezept:
Besonders der Rosengelee erhält uns das Rosenaroma für den Winter. Auf dem Frühstücksbrötchen werden Sie ihn bald genauso unentbehrlich finden wie auf der frisch gebackenen Waffel, im Milchmixgetränk oder als Zutat für Torte. Nichts muß entkernt oder entsteint werden, und außerdem ist die im Handel nahezu unerschwingliche Leckerei ein gern gesehenes, edles Mitbringsel.

Die verschiedenen Duftnuancen kommen im Rosengelee deutlich zur Geltung, sodass man die Sorten gut variieren kann. Selbst die Farben fallen unterschiedlich aus. Es macht Spaß, erntend um die Sträucher zu streifen, und daran zu denken, wie schwer ein Wäschekorb voll Kernobst wäre…

Sie benötigen für das Grundrezept:

- Zwei mittelgroße Töpfe, ein großer Topf
- etwa 2 Ein Liter - Messbecher voll stark duftender Rosenblüten (evtl. mehr)
- 1,6 l Wasser
- Nudelsieb
- Kaffeefiltertüten
- 2 Päckchen Markengelierzucker „Zwei zu Eins"
- je nach Geschmack evtl. etwas Zitronensaft
- je nach Geschmack evtl. etwas Honig

Die Rosenblüten **gut ausschütteln** und in einen Topf abzupfen. Das **Wasser im zweiten Topf aufkochen** - evtl. mit dem Honig, auf den „Puristen" gerne verzichten.
Die **abgezupften Petalen damit übergießen; zugedeckt bis zum völligen Abkühlen stehen lassen**. Danach evtl. den frisch gepressten Zitronensaft hinzufügen. Nun wird die Flüssigkeit durch ein mit zwei aufgerissenen Kaffeefiltern ausgekleidetes Nudelsieb **in einen großen Topf gegossen**.

Die meist tief rote Flüssigkeit **mit dem Gelierzucker mischen** und den Gelee wie gewohnt zubereiten - bitte unbedingt Gelierprobe machen.

Es ist wirklich empfehlenswert, ein Markenprodukt zu wählen, damit der Rosengelee nicht so lange gekocht werden muss.

Ist er trotz allem nicht besonders fest geworden, kann er - zimmerwarm - besonders gut für Mixgetränke benutzt werden; direkt aus dem Kühlschrank bringt er allemal die richtige Konsistenz für einen Brotaufstrich mit.

Parfait von Rosen (für 4 Personen)

Achtung: Wie alle Parfaits aus rohen Eiern darf dieses Dessert nur frisch verzehrt werden - Salmonellen sind lebensgefährlich*!

- 1 Tasse sehr fein gehackte Rosen - Petalen
- 1 Ei (sehr frisch - Salmonellengefahr!)
- 1 Eigelb (desgleichen!)
- 0,1 ml Rosenlikör
- 3 gute EL Rosengelee
- 250ml Sahne

Das Ei mit dem Eigelb, dem Alkohol und dem Gelee im heißen Wasserbad dickschaumig aufschlagen.

Danach kalt rühren; anschließend die Sahne steif schlagen und mit den sehr fein gehackten Petalen unter die Masse heben.

Die Masse in eine Form (Kastenform oder Schüssel) füllen und mehrere Stunden im Gefrierschrank tief gefrieren. - Wenn die Masse gut durchgefroren ist, kann man die Form kurz in heißes Wasser tauchen und das Parfait herausnehmen. Mit einem heißen Messer portionieren und mit einer Fruchtsoße sofort (!*) servieren.

September - Konfitüre „Japanischer Garten"

Gehen Sie mit fernöstlicher Gelassenheit zu Ihren Pflanzen, und schauen Sie, welche Rugosas noch blühen, welche Hagebutten den richtigen Reifegrad haben, und welche Zierquitten sich bereits leicht vom Zweig lösen …

Machen Sie die Gelierzuckermenge davon abhängig, wie viele Quitten und Hagebutten Sie letztendlich nach Hause tragen.

Sie benötigen:

- 1 kleiner Topf für die Hagebutten
- 1 etwas größerer Topf für die Quittenzubereitung
- 1 großer Topf zum Einkochen
- Pürierstab
- ein paar der letzten Japanischen Wildrosen - Blüten (Rosa rugosa und deren Hybriden)
- halbierte, ausgehöhlte Rugosa - Hagebutten (z.B. von „Hansa"; günstig, da bei ihr viele Hagebutten spät reifen)
- Zierquitten (Strauchquitte Chaenomeles Japonica, z.B. die Sorte „Cido", die leider etwas blasser blüht als andere)
- Äpfel
- Honig
- Wasser
- Zwei zu Eins - Markengelierzucker
- pulverisiertes Lemon - Gras (… erhältlich im Asia - Shop. Falls Sie frisches Zitronengras auf der Fensterbank haben oder es als Kübelpflanze ziehen, darf ein zusammen-gebundenes Büschel mitkochen, das Sie anschließend entfernen)

Die Blüten pflücken Sie **bitte erst am zweiten Zubereitungstag**, denn es empfiehlt sich, die Hagebutten über Nacht einzuweichen. - Den Honig sollten Sie eher als Gewürz denn als Süßungsmittel verstehen; wenn Sie nicht möchten, dass die Konfitüre zu sauer wird, erhöhen Sie bitte nur den Apfel - Anteil. Seien Sie bei den Blüten nicht geizig, sonst verliert sich das Aroma. Sie sorgen dafür, dass das Aroma dieser Konfitüre einige Wochen lang immer besser wird. Apropos Aroma: In der Wohnung liegende Japanische Scheinquitten verbreiten einen Duft, der fast ebenso glücklich macht wie der der

Rosen. Meistens beginnen sie erst nach 2 Wochen damit. - Diese harten, gelben Früchte sind es, die den den Brotaufstrich zum winterlichen Vitamin C - Spender machen. - Durch den Trick mit dem Weichkochen ist die Speise besonders leicht zuzubereiten.

1. Tag: Hagebutten einweichen
Hagebutten halbieren und vorsichtig mit einem Teelöffel (oder dessen Stiel) entkernen. Sie können auch *eingefrorene* Hagebutten-hälften nehmen! Über Nacht in Honigwasser einweichen. (Wenn frisches Lemongras benutzt wird, sollten Sie das Bündel jetzt mit ins Honigwasser legen und später mitkochen).

2. Tag: Blüten pflücken und Konfitüre kochen
Zierquitten waschen und im Ganzen ein paar Minuten lang in wenig Wasser kochen. Wenn sie weich genug sind, abkühlen lassen. Quitten zerkleinern, Kerngehäuse wegwerfen.
Die Äpfel schälen und zerkleinern.
Quittenfleisch, zerkleinerte Äpfel und Rosenblütenblätter im Quittenkochwasser pürieren. (Falls Sie keinen Pürierstab zur Hand haben, können Sie das weich gekochte Quittenfleisch zerdrücken und die Petalen sehr fein gehackt hinzufügen.)
Hagebuttenhälften im Honigwasser weich kochen (...anschließend entweder das Büschel Lemongras entfernen, oder mit pulverisiertem Lemongras würzen).
Sie können während dessen die Gläser sterilisieren und den Gelierzucker bereitstellen. - Weichgekochte Hagebuttenhälften und Quittenzubereitung abwiegen, in einem großen Topf mit der nötigen Menge Zwei zu Eins - Gelierzucker mischen, und die Konfitüre wie gewohnt zubereiten.

Rosentee

Die Inhaltsstoffe der Rose sollen als Tee leicht antiseptisch und leicht verdauungsregulierend wirken.

„Rosentee" ist allerdings oft nichts als reiner „Humbug".

Wenn Sie ihn jedoch auf die wie folgt beschriebene Weise zubereiten, erhalten Sie einen interessanten, vollen Kräutertee - Geschmack mit deutlich ausgeprägtem Rosenaroma.

Falls Ihnen das so gut schmeckt wie mir (und ich bin ein großer Kräutertee - Muffel, und lasse mir sonst höchstens einen netten Zitronenmelissentee gefallen), sollten Sie nicht vergessen, genügend Vorräte für den Winter anzulegen. Sie müssen dafür nicht die letzten Herbstblüten opfern, oder ganze Sträucher „abgrasen":

Besonders die kurz vor dem Abfallen stehenden Blüten werden genutzt - hier ist das Absammeln und Trocknen eine sinnvolle Alternative zum Herunterflatternlassen bzw. zum Kompostieren. - Selbstverständlich können Sie aus allen ungespritzten Duftrosen Tee zubereiten, aber Gallica - Duft gilt als besonders beständig.

Alte Rosen haben zudem die weichsten Blütenblätter, aus denen sich die Inhaltsstoffe in warmem Wasser leicht lösen.

Wichtig: Sie benötigen die getrockneten Blütenblätter auch für den Likör! -

Vorbereitung:
Trocknen Sie möglichst dunkle Blütenblätter - z.B. von **„Hansa"** oder **„James Mason"** - an einem kühlen, schattigen Ort, wo keine starken Gerüche vorherrschen.

Am besten ist es, wenn Sie Backpapier auf ein Kuchenblech legen, die Blütenblätter darauf ausbreiten und eine weitere Lage Backpapier darüberlegen. Wenn die Petalen *gerade eben* ganz und gar (!) trocken sind (täglich kontrollieren), werden sie in einer Dose oder einem Schraubglas aufbewahrt.

Zubereitung: 200 ml Wasser aufkochen.

3 gehäufte Esslöffel Blütenblätter in eine kleine Schüssel legen und mit dem Wasser übergießen. Es darf nicht mehr kochen!

10 Minuten lang ziehen lassen, am besten auf einem Stövchen.

Die Petalen werden im heißen Wasser wieder groß und weich; deshalb sollten Sie den Tee **mit einer kleinen Kelle aus dem größeren Gefäß schöpfen und durch ein Sieb in den Teebecher gießen.**

Oft wird empfohlen, weiße, angeblich bittere Petalenspitzen abzuschneiden - ich selber habe jedoch bei verschiedenen Rosensorten noch keinerlei bitteren Beigeschmack im Rosentee erlebt. -

Am besten schmeckt Rosentee mit etwas Zucker oder Honig und einem Spritzer Milch oder Sahne.

Als Faustregel gilt, dass kühles Wetter bei bedecktem Himmel keine gute Voraussetzung für die volle Entfaltung von Düften ist; die ersten Mittagsstunden warmer Tage sind wesentlich besser geeignet. Und genau dann sollte auch geerntet werden.

Am besten

wäre es, wenn Sie dieses Buch im Winter lesen. Kosten Sie die Vorfreude dieser „rosenlosen" Zeit aus, stöbern Sie in den Katalogen und überlegen Sie, welche Rosen Sie unbedingt haben müssen (und welche davon Sie wo unterbringen können).

Wie gut, dass Rosen viel schneller wachsen als die meisten anderen Ziersträucher! Auf einen Rosengarten müssen Sie nicht jahrzehntelang warten, denn die meisten unserer Stachelschönheiten erreichen bereits im zweiten Standjahr einen guten Teil ihrer Endgröße.

Mit dem Rosengarten zu leben, heißt auch Verantwortung tragen, aber das ist eher (Garten)Lust als Last.

Machen Sie aus der Pflege eine Art ritueller Routine, bei der Sie alles außer Ihren Rosen vergessen können. Nur eines sollten Sie *nicht* vergessen: Der Garten muss trotz aller Fürsorge auch zur Muße genutzt werden; immerhin ist er ein Menschenbiotop, und Menschen sollten genießen, was sie um sich herum zustande bringen.

Nicht jedes gelbe Blättchen muss auf der Stelle vernichtet werden. Schließlich sind Ihre Rosen robust! Setzen Sie sich hin, starren Sie in die Luft, lesen Sie, führen Sie Buch, kosten Sie den Duft aus - denken Sie nach, und denken Sie an Nichts.

Und wenn Sie dann weiter werkeln, vergessen Sie das Ernten nicht: Der nächste Winter kommt ganz schnell. Sorgen Sie vor, und legen Sie Duftvorräte an. Aber: Nicht alles muss gehortet werden, schließlich gilt es auch, Rosenfeste zu feiern.

Statt einer Grillparty kann es im Juni ein Picknick mit Rosengeleebrötchen sein, und die Führung durch den frischgebackenen, pardon, gepflanzten Rosengarten wird mit der Rosenbowle gekrönt.

Ja, *Rosenführung* - da wird es schon bald einiges zu sehen geben. Ein Mixed Boarder, einen Geheimer Garten mit Rosen in Farben, die sich an anderer Stelle optisch mit den anderen „gebissen" hätten; ein „Zimmer" mit Rosen im Halbschatten, begrenzt von einer Duftpergola … Und wie wäre es mit einer Lese - Ecke, wo all jene Rosen Platz finden, deren Namen man mit der Literatur verbindet?

Oder mit einer Sammlung geschichtsträchtiger, historischer Gartenschätze? Ja, ich hoffe wirklich, dass Sie dieses Buch im Winter lesen, zur Zeit der Vorfreude.

Ich wünsche Ihnen viele nachdenkliche Spaziergänge in Ihrem zugeschneiten (oder zumindest winterkahlen) Garten, bei denen Sie überlegen, an welchen Platz Sie *Ihre* „staksigen Strünke" zu kräftigen Rosenstöcken und strauchigen Blühwundern werden lassen.

Anhang

Quellen: Peter Harkness, „Rosen: Enzyklopädie der Arten und Sorten"(„The Photographic Encyclopedia of Roses") 1991
Color - Library Books Ltd. Godalming, Surrey, England, Deutsche Ausgabe 1991 Naturbuch Verlag Augsburg;
„Die Rosen - Sammlung zu Park Wilhelmshöhe", 4. neu bearbeitete Auflage 1996, Herausgeber Rosenkreis Kassel des V.D.R. e.V. und dem Verein Roseninsel Park Wilhelmshöhe, Autoren Hedi Grimm und Dr. Wernt Grimm sowie Hermann Mielke und Eilike Vemmer;
„Rosenbogen", Mitteilungen des Vereins der Deutschen Rosenfreunde e.V. (vierteljährlich erscheinende Broschüre), Herausgeber Verein der Deutschen Rosenfreunde e.V., Jahrgänge 2002 bis 2005;
„Alte Rosen", BLV Garten - Plus von U. Bauer, München 2002;
Kataloge 2001 und 2005 der Rosenschulen Schultheis und Kordes

Rezeptsupervision, **Rosenparfait** und **Rezepte auf der CD**: **Ralf Noll**, Koch und Student der Lebensmitteltechnologie

Die Fotos von „**Elvis**", „**Fragrant Alizeé**" und „**Velvet Alibi**" auf Seite 67 wurden von **Christian Schultheis** aufgenommen.

Umschlagfotos (Cover oben:) „**William Lobb**"; (unten:) „**Frühlingsduft**" ist bei Nutzinsekten so begehrt, dass hier zum Fototermin ein regelrechtes Gedrängel herrschte. -
Rückseite, v.o.: „**Westerland**"; Rosenparfait; „**Rose de Resht**"

Cora Friedrichs wurde 1965 in Kassel geboren, ist ausgebildete Grundschullehrerin für Deutsch und Kunst und arbeitet in ihrer Heimatstadt als selbstständige Tätowiererin.

Bezugsquellen:

Artländer Pflanzenhof Baumschulenweg 49610 Quakenbrück
05431 / 2458 // VIELE GUTE BEET- UND
EDELROSEN; SÄULENOBST, TRIO- UND DUOBÄUME,
ALTE APFELSORTEN, VEREDELUNGSSERVICE. -
Rosen Jensen 24960 Glücksburg Am Schlosspark 2b, 04631 / 60100
SEHR GROSSE AUSWAHL; VIELE RARITÄTEN,
AUCH CLEMATIS, SELTENE RUGOSAS, WILLIAM III. -
W. Kordes´ Söhne 25365 Klein Offenseth - Sparrieshoop
Rosenstraße 54 04121 / 48700 // ADR - ROSEN,
ROBUSTE NEUZÜCHTUNGEN; KOSMOS, HANSA. -
Lacon 68759 Hockenheim Piazolostraße 4a 06205 / 18574 //
AUCH ROSENSPEISEN UND -KOSMETIK;
DELBARD - ROSEN UND ROSA GENEROSA. -
Noack Rosen 05241 / 14085 //
AUCH ADR - ROSEN, EIGENE NEUZÜCHTUNGEN. -
Pflanzenhof Nordshausen 34132 Kassel; 0561 / 406401 //
10% ERMÄSSIGUNG FÜR SCHREBERGÄRTNER. -
Rosarot Pflanzenversand 25335 Raa - Besenbek, Besenbek 04121 /
423884 // AUCH ADR - ROSEN, EIGENE ZÜCHTUNGEN. -
Bioland - Rosenschule Ruf 61231 Bad Nauheim,
Zum Sauerbrunnen 35 06032 / 81893 //
GROSSE AUSWAHL; AUCH RARITÄTEN, BESONDERS
VITALE EXEMPLARE DURCH ANBAU OHNE „CHEMIE". -
Rosenhof Schultheis 61231 Bad Nauheim - Steinfurth, Rosenhof,
www. Rosenhof - Schultheis.de; 06032 / 81013 //
GROSSE AUSWAHL; VIELE RARITÄTEN, VIELE RUGOSAS,
ALTE ROSEN, AUCH EIGENE ZÜCHTUNGEN,
ROSENKOSMETIK, BÜCHER, CLEMATIS ETC.;
NIEMÖLPRODUKTE UND ANDERE STÄRKUNGSMITTEL;
MICHEL ADAMS´ ROSEN. -
Rosen - Tantau 25436 Uetersen, Tornescher Weg 13, 041 22 / 70 84
AUCH ADR - ROSEN, EIGENE NEUZÜCHTUNGEN. -
Karl Zundel 34246 Vellmar, Warburger Straße 2, 0561 / 821582 //
AUSSER ROSEN AUCH STAUDENRARITÄTEN;
GESCHENKARTIKEL, RED NELLY. -